OTTO WAGNER

オットー・ワーグナー
建築作品集

監修・著 川向正人
Written and Supervised by Masato Kawamukai

写真 関谷正昭
Photos by Masaaki Sekiya

東京美術

目次

序	開かれた自由主義―建築芸術の開花	4
第1章	新様式の探求 1860-1895年	9
	ショッテンリンク23番地の集合住宅 Miethaus, Schottenring 23	14
	オーストリア連邦銀行 Austrian Länderbank	18
	ヴィラ・ワーグナーⅠ Villa Wagner I	22
	レンヴェーク3番地のワーグナー自邸（パレ・ホヨース） Wohnhaus Wagner, Rennweg 3（Palais Hoyos）	34
	皇太子妃となるベルギー王女シュテファニーを歓迎する祝賀行進の飾りつけ Festdekoration zum Einzug der Prinzessin Stephanie	40
	ドナウ運河の水門施設（ヌスドルフ） Wehranlage im Donaukanal（Nussdorf）	42
	アンカーハウス "Ankerhaus"	46
第2章	歴史主義からの離脱 1895-1900年	49
	ウィーン市電 Wiener Stadtbahn	52
	『近代建築』, 第1－3版 Moderne Architektur	60
	造形芸術アカデミーから皇帝への奏覧本 Huldigungsadresse der Akademie der Bildenden Künste	62
	ウィーン分離派とワーグナー　　　　　　　　　　　　　　松井隆夫（美術史家）	64
	リンケ・ヴィーンツァイレ38番地の集合住宅 Miethaus, Linke Wienzeile 38	66
	リンケ・ヴィーンツァイレ40番地の集合住宅（マジョリカハウス） "Majolikahaus" Miethaus, Linke Wienzeile 40	76

第3章　「近代建築」の永遠化を求めて　1900-1913年　……　87

ウィーン郵便貯金局　……　92
Wiener Postparkasse

アム・シュタインホーフ教会（聖レオポルト）　……　110
Kirche am Steinhof (St. Leopold)

カイザーバート水門監視所　……　132
Schützenhaus der Staustufe "Kaiserbad"

ノイシュティフトガッセ40番地の集合住宅　……　134
Miethaus, Neustiftgasse 40

ヴィラ・ワーグナーⅡ　……　136
Villa Wagner Ⅱ

附　実現しなかったプロジェクト　……　145

狩猟小屋　……　146
Jagdhütte

美術館理想計画案「アルティブス」　……　148
"Artibus"

ウィーン造形芸術アカデミー　第1次計画案　……　150
Neubau der Akademie der Bildenden Künste, Wien

近代美術館　……　154
Moderne Galerie

皇帝フランツ・ヨーゼフ市立博物館　……　156
Kaiser Franz Josef Stadtmuseum

ハーグ平和宮，設計競技案　……　158
Friedenspalast, Den Haag

序 開かれた自由主義
―建築芸術の開花

一――ワーグナーの「近代建築」と建築芸術の開花

　オットー・ワーグナー（1841-1918）の建築は、19世紀の歴史主義と20世紀のモダニズムの重なりの上に成立したものだ。激しく対立するものを含みながら絶妙のバランスの上に成立したからこそ、中世と近世の重なりの上に成立したルネサンスにも似て、充満する力を感じさせつつ芸術作品となって、永遠にその姿をとどめるものとなった。芸術作品としては、壁面全体に大輪のバラが施されているマジョリカハウス（1898-99）（76頁）に典型的に見られる。自然の咲き誇る花のように生き生きとして美しく、すでに1世紀が過ぎた今日でも、その美と生命力を保ち続けているのである。

　永遠に美と生命力を保ち続ける芸術の秘密を探究することは、18世紀のJ.J.ヴィンケルマン（1717-68）やJ.W.フォン・ゲーテ（1749-1832）などから、ゼムパーなどの19世紀の歴史主義者にも受け継がれていた。彼らの著作には、繰り返し、この秘密の探究について書かれているが、ワーグナーの関心も同じところに向かっていたと考えてよい。

　モダニズムの興隆期には、彼は、アメリカ合衆国のルイス・ヘンリー・サリヴァン（1856-1924）、ベルギーのアンリ・ヴァン・ド・ヴェルド（1863-1957）、オランダのヘンドリク・ペトルス・ベルラーへ（1856-1934）などと共に、19世紀歴史主義からの離脱を図ろうとしたモダニズムの先駆者として称えられた。彼らは皆、その理論と実際の建築作品によってモダニズムと「近代建築」のイメージを描いたが、その中でも最も鮮明に、そして最も生き生きと描き得たのはワーグナーだった。

　その著書『近代建築』（1896）（60頁）の序文で、ワーグナーは「私たちの芸術創造の唯一の出発点はまさに近代生活である」と明言した（注1）。また、本文中でも、近代生活、とくに同時代の大都市で近代人が必要とするものを見聞することが建築家の修養の基本だと、繰り返し強調した。近代人の必要にこたえるには、人々の実際の暮らし、その土地の気候・地勢、使いうる材料・技術・道具、そしてコストなどの「実務」に必要な知識のほかに、日々伝えられる同時代の発明や発見についても、その価値をすみやかに知る修養が必要だと（注2）。

　しかも、新旧を問わず、形態・空間の構成や成立根拠、光の使い方、巨匠の個性などの価値を見分けるには、自らの身体、すなわち「手」と「目」の鍛錬が伴わなければならない。こうした論調で、ワーグナーは19世紀の歴史主義が陥りがちだった観念的議論や様式言語の知的操作を一蹴して、現実の要請に自らの身体全体で取り組み、しかもできるだけ実務を体験しながら学ぶという新しい考え方を提示して、実際にウィーン造形芸術アカデミーのプロフェッサー・アーキテクトとしてこの教育システムを実践した。求められるのは、骨格、構造、配置構成、形式に支えられつつも、そこに留まらず、豊かで、生命力にあふれ、つくり手の自覚と個性と確信にしっかりと支えられた建築芸術である。彼は『近代建築』を次の言葉で結んでいる；

　本書で語られた言葉が、学生のため、学校のため、芸術のために肥沃な土地に落ちることを願い、本書で述べられた思考が、新しい脈打つ生命を、そして建築芸術の豊かな、目的を自覚した展開を、呼び起こすことを願う、われわれの美の理想―近代建築！―が実現されるのを見るために（注3）。

　しかし、ワーグナーの建築が生き生きと輝き、その美と生命を保ち続けているのは、モダニズムの力だけではない。それはまさに芸術の力と考えるべきで、支えているものを、もしイズム・主義で言い表すならば、モダニ

マジョリカハウス

ズムではなく自由主義であろう。しかも、開かれた自由主義である。開かれた自由主義は、芸術の興隆期・開花期に、歴史上にも度々現れていたのではないか。それをワーグナーは、先行する19世紀歴史主義から受け継いだのである。

一――異才が集まり世界の中心へ

非常に興味深いのは、ワーグナーが明らかに既存の建築とは異なる様式表現を、19世紀ウィーン建築において歴史主義がまさに盛期を迎える1870年代、80年代から示し始めることである。

その前に、同じく興味深く、またワーグナー理解にとっても重要なのは、19世紀ウィーン建築では、様々な復興様式(ネオ・ギリシア様式、ネオ・ローマ様式、ネオ・ゴシック様式、ネオ・ビザンチン様式、ネオ・ルネサンス様式、ネオ・バロック様式など)の総体としての歴史主義が、初期(1830年頃-1860年頃)、盛期(1850年頃-1880年頃)、末期(1880年頃-1914年頃)というほぼ完全な成長曲線を描くことである(注4)。

19世紀の建築現象を調べると、都市によって、たとえばネオ・ギリシア様式とかネオ・ルネサンス様式などのいずれか一つの復興様式が強くて、ウィーンのように、様々な復興様式が共存して、しかも、その全てが同時に盛期様式となって建ち並ぶことは稀だった。歴史主義という概念は、個々の建設に当たって「必要」あるいは「理想」に応じて歴史様式を正確に復興して使い分け、結果として社会全体を見れば複数の歴史様式が同時に復興されている状況を意味するが、ウィーンの場合は、そのような状況が19世紀全体(20世紀初頭を含む)の間に、初期・盛期・末期という完全な成長曲線を描くのである。このことは、ヨーロッパだけではなく世界全体を見ても珍しい。

このような歴史主義の現象、しかも盛期様式の建築が隣接して建ち並ぶような状況が現出し得たのも、ウィーンがヨーロッパの首都の中でも珍しく、19世紀半ばまで周囲に都市壁(巨大な稜堡と広い斜堤)を巡らせていたからである。1857年末の皇帝フランツ・ヨーゼフの勅命によって、すでに無用の長物となっていた都市壁を取り壊し、環状の広大な跡地に、環状大通り「リンクシュトラーセ」を建設して、沿道に大規模な公園を介在させながらハインリヒ・フォン・フェルステル(1828-83)設計による奉納教会(1856-79、ネオ・ゴシック様式)とウィーン大学(1873-84、ネオ・ルネサンス様式)、テオフィル・フォン・ハンゼン(1813-91)設計による国会議事堂(1874-83、ネオ・ギリシア・ルネサンス様式)、フリードリヒ・フォン・シュミット(1825-91)設計によるウィーン市庁舎(1872-83、ネオ・ゴシック様式)、そしてゴットフリート・ゼンパー(1803-1879)とカール・フォン・ハーゼナウア(1833-94)の設計による新王宮(1881-1913、ネオ・バロック様式)と美術史美術館・自然史博物館(1871-91、ネオ・ルネサンス様式)とブルク劇場(1874-88、ネオ・ルネサンス様式)などの公共施設と、大規模な賃貸集合住宅が建ち並ぶことになった。この時の公共施設は、いずれも初期・末期ではなく盛期の復興様式であって、それがリンクシュトラーセ沿いに、隣り合ったり向かい合ったりして建てられたのである。

このリンクシュトラーセは、1850年代に急激な経済成長があり、軍部の発言力が弱まって国全体が絶対主義から立憲制へと変化する中で実権を掌握した自由派、

すなわち富裕で知的でもある市民層が、それまでの絶対主義的な権力に代わるものとして打ち立てた立憲的な法の支配、そして多元性を許容する自由主義を、建築的・都市的に表現するものに他ならなかった。カール・E・ショースキーはその著『世紀末ウィーン』の中で、19世紀後半から20世紀への転換期までにオーストリアの自由派が成し得たことを、次のように描いている；

> 彼らはウィーン市の支配権を掌握した。この都市は彼らの政治的な砦、彼らの経済的な首都、彼らの四方に放射する知的生活の中心となった。権力の座についた瞬間から、自由派はこの都市をみずからのイメージに従って造り直すことを始めたが、世紀の終り頃に政権から追われるときまでには、殆どこの仕事に成功をおさめていた。ウィーンの相貌は一新したのである(注5)。

ワーグナーは、カミロ・ジッテ(1843-1903)とともに、この自由主義の第2世代と考えてよいであろう。彼らは、自分たちを育てた父親の第1世代による自由主義文化に疑いを抱き、猜疑的で批判的にもなった、美的感受性の強い息子世代に属する。息子世代は、文化的に、自信満々たる成り上り者の父親たちを斥けることに成功したが、1914年頃には、自由主義の退潮とともに彼らもまた表舞台から消えることになったのである。

しかし、ワーグナーにせよ、ジッテにせよ、彼らの建築と都市に関する思想と方法は、ウィーンは言うまでもなくオーストリアの国境を超えて広くヨーロッパ、さらにはアメリカや日本にまで影響を与えることになった。そこまで高い水準へと引き上げ、さらに前進するように背中を押したのは、自由主義であり、その文化的結晶としてのリンクシュトラーセだった。ワーグナーやジッテが示した思想も手法も、オーストリア一国に留まらず国際社会で十分に通用するほどに「開かれた」ものだった。だから、ジッテの共同体的都市理論はルイス・マンフォードやジェーン・ジェイコブスから、ワーグナーのラディカルで極めて実利的でもある建築と都市の思想と手法はペヴスナー一派やギーディオン一派から、共に賞賛されたのである(注6)。19世紀末に誕生した、対照的とも言えるワーグナーとジッテの思想と手法が、多少古びた点もあるが本質的には生命の輝きを失わず、21世紀の現在でも世界中で賞賛され強い影響力を発揮し続けている。

リンクシュトラーセの建設に当たっては、むしろ異なる復興様式を奉じる建築家が、必要に応じて積極的に登用された。しかも、建築家たちの出身地は多様で、国際的な気分に満ちていた。ハインリヒ・フォン・フェルステルはウィーン生まれのウィーン育ちだった。それに対して、テオフィル・フォン・ハンゼンはコペンハーゲンで学び、アテネで兄弟と一緒にいくつかの重要な建築を設計していた。その彼が、自らも建築家であり『総合建設新聞』を発行して最新の情報を収集し発信してウィーン建築界の国際化を進めようとしていたC.F.ルートヴィヒ・フォン・フェルスター(1797-1863)の招きによって、1846年にウィーンに移ってくる。ちょうど10年ほど経って彼がウィーンの状況にも慣れた頃にリンクシュトラーセ建設が動き始めることになる。フェルスター自身もドイツのバイエルンの出身だった。彼は、ハンゼンの幅広く総合的で華やかさもある作風と技術を高く評価していた。ハンゼンは独特の「ネオ・ギリシア・ルネサンス様式」によって国会議事堂の他に、今日世界一の音楽ホールと評価する専門家も多い楽友協会ホール(1866-70)などを手がけて、設計者としてウィーン建築界に大いに貢献した。リンクシュトラーセ沿いには彼の設計による大規模賃貸住宅も建設され、若きワーグナーが彼の設計したエプシュタイン邸(1868-72)の現場管理を

ヴィラ・ワーグナーⅠ　　　ヴィラ・ワーグナーⅡ

担当したことも確認されている。ワーグナーがまだ5歳で父を病で失い、母と子供たちの生計を安定させるためにウィーンに所有していた3軒の家が近代的な賃貸住宅に改築された時も、ハンゼンが設計者となった。また、ワーグナーが成長してウィーン工科大学に学んで優秀な成績を修めた時に、続けてシンケル派の牙城だったベルリン建築アカデミーに学ぶことを勧めたのもハンゼンだった。ワーグナーを見る限り、自由主義の第1世代と第2世代は断絶せずに、つながっているのである。

フリードリヒ・フォン・シュミットは中世の石造に詳しい専門家でもあって、1843年からケルン大聖堂で働いた後、ミラノに行きブレラ（Brera）で建築を教え、サンタンブロージョ教会（9世紀-12世紀）の修復に携わった。ウィーンでもネオ・ゴシック様式でウィーン市庁舎以外にマリア・フォム・ジーゲ教会（1868-75）を設計して、オーストリアのゴシック復興運動に重要な足跡を残した。

そして、当時最高の国際的建築家ゴットフリート・ゼンパーは、ハンブルク生まれだがパリに出てフランツ・クリスチャン・ガウ（1790-1853）のもとで建築を学んだ後、数年かけてイタリア・ギリシアの古代遺跡を調査して、歴史主義（特に多彩装飾と建築被覆）に関わる重要な本を数冊著した。ドレスデン、ロンドン、チューリヒでは教授として建築（ロンドンでは金工）を教え、この間にいくつかの歴史的にも重要な建築を設計した。ウィーンではリンクシュトラーセ建設に関連して「カイザー・フォールム（皇帝広場）」を計画（1869）し、それを構成する美術史美術館と自然史博物館、ブルク劇場、新王宮を実際に建てた（彼亡き後はハーゼナウアが引き継いだ）。このように国家的な建築と都市の設計に携わったことでゼンパーの歴史主義理論、特に「被覆論（Bekleidungstheorie）」が注目されて、19世紀末から20世紀初頭にかけて、ウィーンを中心とする中欧全域の建築現象を支配することになった。19世紀末の被覆現象の広がりについては、当時最高の建築批評家でもあったアドルフ・ロース（1870-1933）が的確に指摘しているので、それを参照しながら後述するが、被覆論の最大の実践者は、他ならぬワーグナーだったのである。被覆を巡っての自由主義の第1世代と第2世代のつながりは強固だった。

開かれた自由主義ゆえにハプスブルク帝国の各地から異なる民族の俊英たちがウィーンに集まり、しのぎを削って、建築を含む世紀末文化に大輪の花を咲かせた。開かれた自由主義は第2世代の時代となり、19世紀が末に近づき、さらに20世紀に変わっても、まだ維持されていた。ワーグナー自身は、ウィーン郊外の自然豊かな田舎町ペンツィングの出身であって、みずから第1ヴィラ（1886-88）（22頁）と第2ヴィラ（1912-13）（136頁）を建てているので、後世のわれわれも、彼の出生地のことをよく知っている。ヨーゼフ・マリア・オルブリヒ（1867-1908）は今日のチェコ共和国オパヴア（Opava）、ヨーゼフ・ホフマン（1870-1956）もブルトニツェ（Brtnice）という同国のモラヴィア地方の小さな町、そしてアドルフ・ロース（1870-1933）も同国とオーストリアとの国境近くにあるブルノ（Brno）の出身であり、ヨージェ・プレチュニク（1872-1957）はスロベニアのリュブリャナの出身だった。

このプレチュニクがウィーン造形芸術アカデミーでワーグナーに学び始めたのは1895年のことである。彼の作品のもつ想像力溢れる傑出した創造性は誰もが認めるもので、1901年にはウィーン分離派（セセッション）の

007

アム・シュタインホーフ教会

書記に推された。その前年の1900年に、独立してウィーンに設計事務所を開設し、ツァッヒェルハウス(1903-05)や聖霊教会(1910-13)などの優れた作品を生み出した。だが、後者は教会に労働者地区の精神的核となることを求め、鉄筋コンクリート造を採用して、形態と表面仕上げの工夫によってこの新しい素材に精神性を与えようと試みるものだった。それは、ワーグナーのウィーン郵便貯金局(1904-06)(92頁)やアム・シュタインホーフ教会(1905-07)(110頁)にはまだ感じられた、開放的で軽く透明性の高い空間から遠ざかるものだった。1911年に彼はアカデミーからワーグナーの後継者となる教授ポストに推薦されたが、宮廷は「オーストリア＝ハンガリー帝国の最高の教授職にスロベニア人を就けることはできない」との理由で推薦を却下し、彼はプラハ応用芸術学校の教授となるべくウィーンを去っていった。ワーグナー自身も、アム・シュタインホーフ教会の完成後は、洗練されて透明感は増したとしても、生命の躍動といったものが次第に影をひそめていく。オルブリヒは、すでに1899年にダルムシュタットに移り、マチルダの丘の芸術家村建設に取り組んでいた。ホフマンもまた、プルカースドルフのサナトリウム(1904)やブリュッセルのストックレー邸(1904-11)では軽やかで透明性があって優美さも感じさせていたが、すでに1905年頃から彼特有の優美さを残しながらも古典主義的な傾向を強めている。この変化は、アスト邸(1909-11)やスキューヴァ＝プリマヴェーシ邸(1913-15)などに現れている。

　天衣無縫とも言える、軽やかで、自由で、新鮮さも好んだ、開かれた自由主義が終わろうとしている。ウィーンに集まってきていた才能ある人々が、内に留まって対立するか、そうでなければ外へ去っていった。

──注

(1) オットー・ワーグナー著, 樋口清・佐久間博訳『近代建築』(中央公論美術出版,1985), p.11.
(2) 同, pp.24,32,37.
(3) 同, p.101.
(4) 19世紀ウィーン建築における歴史主義の3時代区分は、Renate Wagner-Rieger;Wiens Architektur im 19. Jahrhundert,Wien 1970を参照。
(5) カール・E・ショースキー著,安井琢磨訳『世紀末ウィーン』(岩波書店,1983),p.44.
(6) 同, pp.44-45.

1860-1895 Chapter 1

1860-1895年

第1章
新様式の探求

新様式の探求
―ワーグナーの軌跡

　「序」で、開かれた自由主義の伸展と衰退を最後まで追った。本章では、この自由主義に支えられながら斬新な作風を展開したワーグナー本人の軌跡を1895年頃まで辿ってみたい。

　繰り返すが、ワーグナーが独立した建築家としての活動を始めたのは、歴史主義が盛期を迎え、トップクラスの建築家たちが何人もいて、彼らが存分に力を発揮している時期だった。歴史から学べるものは正確に学び取り、それを時代の理想と必要に合わせて活用することが、最高の水準に達していた。ワーグナーには、これから取り組もうとしていた公共施設でも集合住宅でも、歴史から正確に学ぶことに関して、できることは全て実現されているように思われたのではないか。だから、どう新領域を開拓するかをワーグナーは真剣に考えたに違いない。そして、大きく分けて2つのことに目標を定めたと思われる。

一――建築と都市の近代化と芸術表現

　一つは、自由な近代市民社会のもつダイナミズムを引き出すように建築と都市を再構築することである。たとえばワーグナーは、ウィーン市電網とかドナウ運河の整備にも芸術顧問として取り組んだ。ショースキーは『世紀末ウィーン』の中で、ウィーンを支配した自由派がどう都市問題にも取り組んだかを、以下のように書いている；

> ウィーンを支配した自由派は、その最も成功した努力のいくつかを見栄えのしない土木工事に注入したが、これによってウィーン市は健康と安全とをあまり損なうことなしに、急速に増加する人口を収容することができたのである。彼らは驚くほどの素早さで、全世界を通じて拡大する近代的メトロポリスに共通な公益事業を開発した。数世紀にわたってウィーンを悩ましていた洪水からこの都市を護るために、ドナウ川には水路（運河）が整備された。（中略）公園や福利設備や公共サーヴィスの供与の点では、ウィーンの自由派は立派な記録を残している。これに比べると、後にウィーンを有名にしたあの都市計画の特徴――低廉な住宅供給と都市拡張の社会的計画――は、リンクシュトラーセ時代には全く欠如していた。リンクシュトラーセの計画は知的職業階層と富裕者層によって支配されていて、もともとそれはこれらの人々の収容と栄光のために設計されたものだったのである（注7）。

　大量の人や物をどう安全に、快適に、効率よく移動させるかという、広い意味での動線計画であって、ワーグナーの場合、それは都市レベルで終わらず個々の建築、つまり大勢の利用者にサーヴィスする駅舎・銀行・郵便貯金局・病院・教会などの公共施設の他に、大規模化する集合住宅の玄関ホール、階段、エレベーターなどの計画も含むものだった。個々の建築では彼は、動線計画に従いながら平面的にも立体的にもコンパクトに、素材と技術を駆使して空間をつくり上げた。階段やエレベーターも新様式で芸術的に表現された。

　ワーグナーは、施設建築にも、ただ構造や機能の充足だけではなく新様式の表現を求めた。たとえば彼は、ドナウ川の治水事業に関連して建設されたドナウ運河に沿って、本流との分岐点にヌスドルフのドナウ運河水門・監視所（1894-98）（42頁）、ウィーン旧市街のすぐ北にもう一つ、運河水門監視所（1906-07）（132頁）を設計したが、これらの施設建築にも芸術的表現を与えている。前者では、水門本体は鉄骨造の機械的な構造体だが、その両側には量感たっぷりの石造の台座の上に獅子の写実的彫刻が置かれている。鉄の機械と石の写実的な彫刻の統合を表しているのである。後者の場合は、彼の関心は青タイル、白い大理石、花崗岩を張った3層構成で左右対称という古典主義的なファサード造形に向けられた。しかも、青タイルの面には白い4本の波線が描かれるが、それらは三角形の幾何学形態にパターン化されている。屋根は銅製で、幾何学的にパターン化された装飾は、いわゆるウィーン分離派様式の特徴である。ただ、この建物も水門の機構と結びつき、その開閉する水門や上面を走行するクレーンなどと一体になったもので、ファサード中央の最上階に突出する大きな窓ガラスのある部屋はクレーンの操作室だった。この種の土木的な施設建築にワーグナーは芸術的表現を与え続けたのである。

ドナウ運河の水門施設

同じウィーン市電の諸施設（1894-1901）（52頁）でも、シェーンブルン宮殿を訪れる皇室専用の駅舎ホーフパヴィリオン（1894-98）は、正方形平面の中央に八角形平面の待合室があり、この待合室が外観でも塔状に突き出て、ドーム屋根が王冠のように載っている。この他にも楕円の窓や壁面装飾にバロックの宮殿との関係が色濃く現れているが、内装にはウィーン分離派の特徴が現れている。ただ、ホーフパヴィリオンやカールスプラッツ駅舎（1897-98）など以外の市電施設の装飾は、基本的にはどこかバロック的であって、蔓も葉も実物の植物のようなリアルさを残し、完全に抽象化・図案化されていない。多少厚ぼったい、葉や軸のリアルさを残す植物文様の装飾の例は、レンヴェーク3番地のワーグナー自邸（後のパレ・ホヨース、1890-91）（34頁）の内部に見られる。

――芸術思考と表層／ファサード

ワーグナーはどこまでも芸術家であって、彼が取り組むのは建築芸術であり、建築芸術は絵画や彫刻と統合して新様式を生み出さねばならなかった。そのときに、様式表現の場として特に重視されたのがファサードだった。つまり、この点では、ワーグナーは1世代前の歴史主義者と全く変わらない。盛期歴史主義の建築にすでに見られた、建築本体からのファサードの自立も、ワーグナーは受け継いでいる。建築本体がどのような平面構成で、どれほど内部が合理的で機能的に構成されていても、それが何様式であるかを決めるのは、自立するファサードだった。このファサードを一つの平滑な面にして、その面に斬新な造形を施し、いかに歴史主義のファサードから離脱するかが、彼の関心事だったと言ってよい。これが、もう一つのワーグナーが目指したもので、本稿が詳述したいのは、こちらである。

彼によれば、都合がよいことに、賃貸用の集合住宅はファサードを内部から切り離して一つの平滑な面として造形しやすい状況にあった。このことを、彼は『近代建築』（60頁）の中で次のように説明する；

> われわれの現在の貸し集合住宅は、経済状況によって制約され、一つの建物の中に小さな貸しやすい住居を積み上げることによって投下した建設資本から最大の利益を得ようとすること以外の目的は求めない。その上、エレベーターを設けることにより各階の賃貸価格はかなり均等化されてきたので、その自然の結果として、階を際立てることによる外観の芸術的な造形はもはやできなくなった。（中略）それゆえ、近代的な貸し集合住宅の正面をつくるにあたって、建築芸術は、多くの等価値な窓をあけた一つの滑らかで平らな面を必要とし、その平らな面には、保護のための軒蛇腹とせいぜい冠状の装飾帯や玄関などを付け加えるだけである（注8）。

この一つの平滑な面としてのファサードでの斬新な造形の到達点がマジョリカハウス（76頁）だった。

では、もう一度1870年代に戻って、ワーグナーのファサード造形の変遷をたどってみよう。このファサード造形とは無関係だが、彼の合理的で機能的な思考がよく見られる内部構成がある場合には、その内部構成にも言及する。

ワーグナーが斬新なファサードを示した最初の例は、リンクシュトラーセに面するが、前出の公共建築ゾーンからは少し離れたショッテンリンク23番地（1877）（14頁）の集合住宅である。彼自身が施主となって建設して、1882年まで住んだ賃貸集合住宅である。それはハンゼンの大規模な賃貸集合住宅のように、かつての宮殿建築の如く様式要素を揃えたものではない。これから、ワーグナーはほとんどの場合自ら施主となって、小規模ながら斬新な要素の造形と構成でファサード・デザインを試みていく。ここでは、古典的な3層構成をとりながら、中心にくる主階壁面には平坦な面全体に三角形の市松模様を、その上の屋階には赤色のテラコッタ装飾を、ともにリズミカルに配して構成している。そして、この屋階と主階を、安定した基礎階が支える。全体として知的で、軽妙にして、さわやかな印象のファサードに仕上がり、この一帯でも目をひく建築となった。

ショッテンリンク23番地　　オーストリア連邦銀行

　当時は古典的な3層構成がファサード設計の出発点だったことは、たとえば、ワーグナーが協力したと言われるが緊張感の不足から設計はオットー・ティーネマン（1827-1905）だったと考えるべきグラーベンホーフ（1873）からも確認できるであろう。ワーグナーの建築では、3層構成のうち基礎階が高く屋階は細く残る程度で、結果としてファサードの重心がぐっと持ち上げられた感じになっている。それに対して、グラーベンホーフは3つの層がほぼ同じ高さなので、重心が下がって鈍重な印象を与えるのである。すでにショッテンリンク23番地の建築でも、基礎階がファサードのほぼ半分の高さになって、全体の重心が引き上げられている。

　連邦銀行（1882-84）（18頁）では、その通り側のファサードは、一見すると普通の歴史主義のように思われるが、ここでも伝統的な3層構成をとっているにもかかわらず、その基礎階が異常に高くてファサード全体の半分の高さまで引き上げられている。しかも、歴史様式の上半分よりも、下半分の横縞模様のほうが鮮烈な印象を与えて、ぐっと上に押し上げる印象を強めているのである。

　内部は、不整形な敷地に対応して、エントランスの軸線を、途中の円形ホールのところで一度方向転換してから、奥にある馬蹄形の中央窓口ホールの軸線にしている。中央窓口ホールはガラス天井になっており、ガラス天井の上には、さらに2階分の高さのある、ガラス屋根に覆われた採光用の吹き抜け空間が広がる。この吹き抜け空間の周囲を回廊が巡り、それに面して放射状に事務室が配されて、平面構成はきわめて合理的である。中央窓口ホールの床も一部ガラスブロックで仕上げられているので、下階の部屋まで自然光が落ちていく。全体として、幾何学形態の組み合わせで立体的にコンパクトに構成された、光に満ちた明澄でモダンな内部空間になっている。つまり内部には、表の歴史主義のファサードからは想像できないほどの透明感と明るさがあって、徹底的に合理的で機能を重視するワーグナーの思考がよく現れている。

　もう一つの見どころは裏側のファサードで、こちらは歴史様式の装飾形態をいっさい排除して、窓が並ぶだけの壁体も露わでモダンな美を示している。

　合理的に考えて生活がしやすく仕事もしやすい機能的な内部空間を設計するという基本をワーグナーは守っている。だが、それだけでは、たとえ内部空間であっても何かもの足りなかった。外部になると彼は、広い意味での芸術性をさらに意識的に探究した。時代の明るさ、開かれた自由主義が、そんな彼を後押しした。

　たとえば、厳格な盛期歴史主義の中で育ったワーグナーは、大きな階段、その上に並ぶ玄関柱廊の円柱といった建築モチーフを、当然のことながら知っていた。それらは、建築を外部空間と一体にしてモニュメンタルに仕上げるための常套手段である。だが、当時の彼でも、コンペ応募案には使えても、現実に手がける都市建築では、それを使う機会はなかった。だから、郊外に建てる自邸、ペンツィングの第1ヴィラ（1886-88）（22頁）は、それを試すよい機会だった。傾斜地に階段と円柱の列で構成されて、実際は住宅建築だが壮麗な記念建造物に見える。これは、ゼンパーのバロック的な「カイザー・フォールム」計画案を想起させる、ワーグナーの美術館区域の理想計画案「アルティブス」（1880）（148頁）の、ほんの一部を実現させたものだった。両サイドに円柱が囲む開放的なパーゴラのある左右対称の建築だったが、1895年にワーグナーは右側のパーゴラをビリヤード室に、1899年には左側のパーゴラをアトリエに改造した。後者のアール・ヌーヴォーのステンドグラスは、画家アドルフ・ベームのデザインによる。

　同じくワーグナーが自邸として建てたレンヴェーク3番地の住宅（後のパレ・ホヨース）（34頁）の内部装飾に

レンヴェーク3番地(ワーグナー自邸)　　リンケ・ヴィーンツァイレ38, 40番地の集合住宅

ついてはすでに触れたが、外部のファサードも大胆な構成になっている。完全に3層構成を消し去ったわけではないが、屋階は消えて、ますます高くなった基礎階の上にフレームが立ち上がり、その中に植物模様のレリーフ装飾を施された平面が広がる。あたかも額縁の中の絵画のようにも見える。表皮(被覆)としてのファサードの考えが、ショッテンリンク23番地(14頁)よりも、さらに強まっている。

グラーベンという旧市街内の繁華街に建つアンカーハウス(1895)(46頁)も、ファサードは古典的な3層構成だが、ここでは基礎階にあたる2階までの外壁が、大きなガラスのカーテンウォールになり、屋上のペントハウス(写真家のアトリエ)もガラス張りで透明感があって、この両者によって斬新な印象を生みだしている。

そして、次に来るのがマジョリカハウス(76頁)である。この住宅は、住所で言えばリンケ・ヴィーンツァイレ40番地であって、街角に建つリンケ・ヴィーンツァイレ38番地(66頁)、そしてケストラー通り3番地とともに、3軒連続する賃貸集合住宅の一つであった。38番地と40番地は、よく見ると、装飾の層である表皮(被覆)をはぎとった後の壁体は同じである。平滑な壁体に、同じ縦長の窓が、全く同じように縦横に配列されている。だが38番地は、コーロ・モーザー(1868-1918)のデザインによる乙女の横顔が彫りこまれた金色の大きな楕円レリーフなどが規則的に配列されるファサード、一方、40番地はマジョリカ焼きの陶板を張り詰めて全面に赤いバラが咲き誇る様子を生き生きと描き出すファサードと、全く異なる様式、全く対照的な印象を生み出している。表皮(被覆)全面の装飾様式の違いで、どれほど建築の印象を変え得るかと試すかのようである。

モダニズムは、機能・効率・コスト・耐久性といった客観的に把握できるものを基準に建築設計を進める。これらの客観的に評価可能な目的を達成できればよいのであって、具象か抽象か、それ自体の表現が生き生きしているか、接する者に喜びを与えるかといったことは重要ではない。また、これまで挙げてきた例で言えば、連邦銀行の通り側のファサード、あるいはワーグナーの第1ヴィラ(22頁)などは、モダニズムの立場から見れば、なぜ、わざわざこんな造形を試みるのかワーグナーの真意が分からなかったし、どう見ても歴史主義以前の過去の残滓でしかなかった。実際、モダニズム擁護の立場から書かれた彼に関する本には、これらの写真は掲載されず解説も省かれているのである。だが、彼にとっては、これらこそ建築芸術の現れに他ならなかった。リンケ・ヴィーンツァイレ沿いの2つの巨大ファサードでの表現と技術の試みも、まさに建築が芸術であるがゆえの、その(芸術)表現の幅の広さや奥行きの深さを示す試みだったと考えてよいであろう。

――注

(7) カール・E・ショースキー著,安井琢磨訳『世紀末ウィーン』(岩波書店,1983), pp.45-46.
(8) 前掲(1), pp.76-77.

Miethaus, Schottenring 23

ショッテンリンク23番地の集合住宅

Apartment Building "Schottenring 23"

年代：1877

Vienna1, Schottenring 23
所在地：ウィーン1区, ショッテンリンク23番地

歴史主義が盛期を迎える1870年代に、同じリンクシュトラーセ沿いでも、国会議事堂・市庁舎などの公共施設が次々に建設されていた中心エリアから離れた、いわば周縁エリアに、歴史主義からの離脱を図るワーグナーによるこの新しい「ファサード建築」が誕生する。

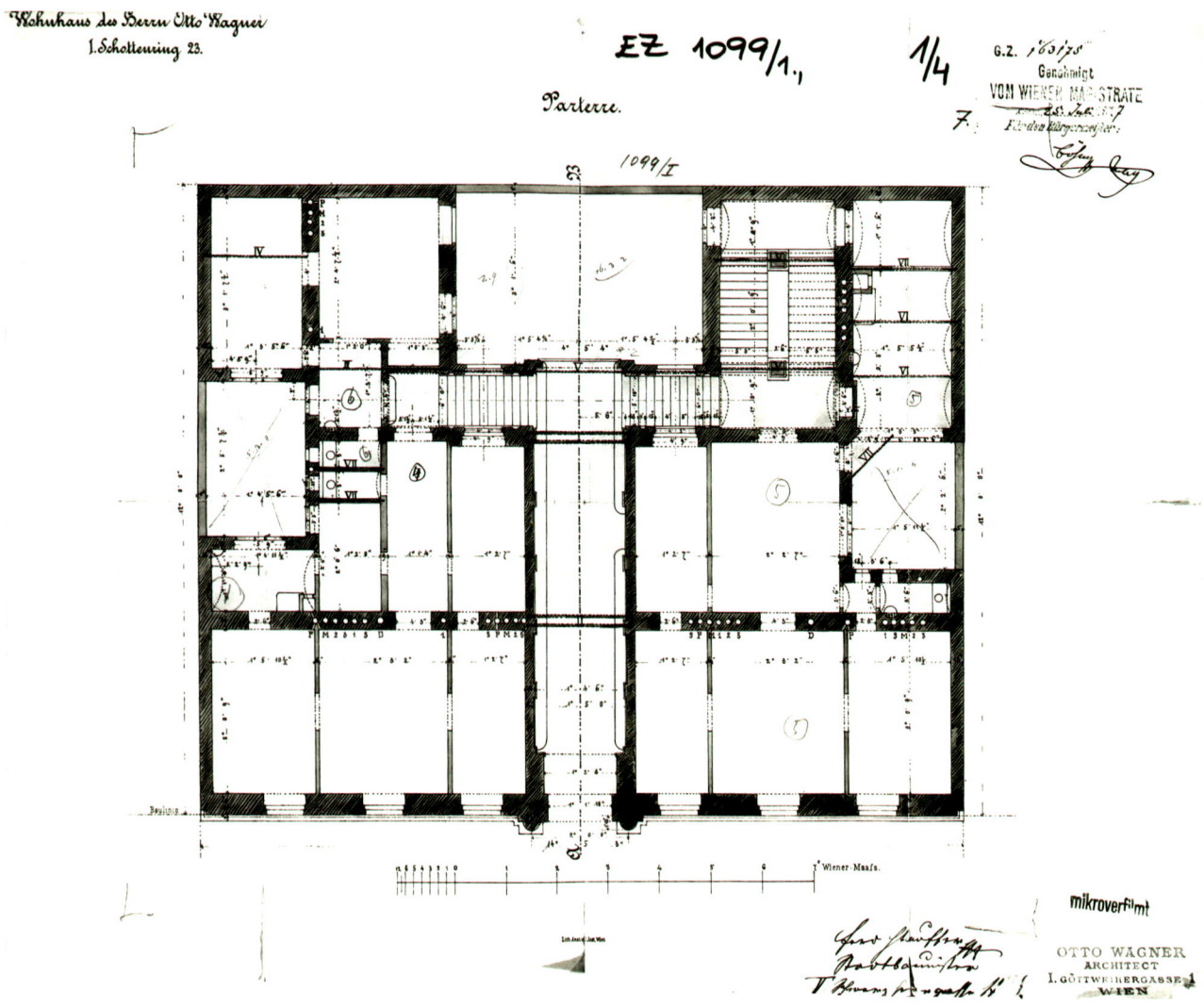

1階平面図
1st floor plan

ファサード
Façade

015

上 建物内部から見た玄関上部
Above: View of the area above the entrance from the interior
右 最上階への階段
Right: Staircase to the top floor

上 3階廊下
Above: 3rd floor corridor
右 3階のバルコニー
Right: 3rd floor balcony

017

Austrian Länderbank
オーストリア連邦銀行
Office Building for The Imperial and Royal Austrian Privileged Länderbank

年代：1882-1884

Vienna I, Hohenstaufengasse 3
所在地：ウィーン1区, ホーエンシュタウフェンガッセ3番地

表通りのファサードが歴史主義の枠内に留まるものだったのに対して、その内部空間は明るく開放的で、ガラス天井を透過する自然光が馬蹄形平面の中央窓口ホールを満たす。玄関から円形ホールを通り抜けると、敷地形状への対応のためにここで動線が左に少し折れて、中央窓口ホールに入っていく。内部は平面構成も空間構成も機能的・実利的であって、20世紀モダニズムの主要な特性をすでに示し、また、ワーグナーが著書『近代建築』で主張する内容を具体化している点でも、注目すべき建築である。ここに現れたモダニズム的特性は、後の「ウィーン郵便貯金局」で、さらに深められる。ゼムパーに倣って、ワーグナーはファサードを建築が都市に参加するための「正装」だと捉えていた。だから、表通りとは対照的に、「正装」する必要のない裏庭側のファサードは無装飾で、ほとんど「裸体」に近い表現になっている。

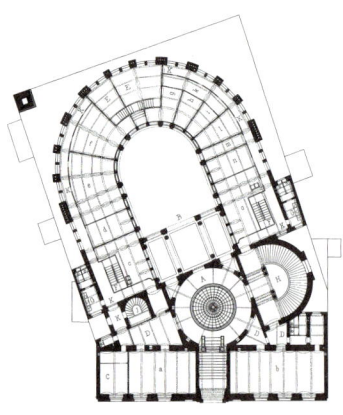

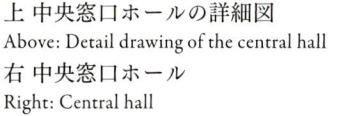

上 中央窓口ホールの詳細図
Above: Detail drawing of the central hall
右 中央窓口ホール
Right: Central hall

中央窓口ホールの透視図
Perspective drawing of the central hall

019

上 玄関から円形ホールを見上げる。中央にヨハネス・ベンク作のオーストリア像。
Above: Looking up into the rotunda from the entrance. At center is the statue *Austria* by Johannes Benk
右 ホーエンシュタウフェンガッセのファサード
Right: Façade on the Hohenstaufengasse

VILLA WAGNER I
ヴィラ・ワーグナー I
Villa Wagner I

年代：1886-1888

Vienna XIV, Hüttelbergstrasse 26
所在地：ウィーン14区, ヒュッテルベルクシュトラーセ26番地

鉄やガラスなどの新しい材料、無駄のないコンパクトで機能的な平面構成や空間構成などのモダニズム的特性を示す一方で、様式的には歴史主義（自由ルネサンス様式）に留まるという、この頃のワーグナーの作風がよく出ている。ペンツィングの自然豊かな斜面地に建設された、ワーグナーの自邸である。全体は正面中央に並ぶイオニア式円柱が印象的な左右対称の古典的構成で、円柱に囲まれた開放的なパーゴラが両サイドに突き出ていたが、空間を積極的に使いこなそうとするワーグナーの実利的・身体的思考が働いて、1895年には右側のパーゴラがビリヤード室に、1899年には左側のパーゴラがアトリエに改造された。後者のアトリエにはアドルフ・ベームのデザインによるアール・ヌーヴォーのステンドグラスが嵌め込まれた。

正面ファサード両袖の壁面の上部に、「Sine arte sine amore non est vita（人生は芸術と愛なくしては成り立たない）」と「Artis sola domina necessitas（芸術は必要にのみ従う）と書かれた額が埋め込まれている。

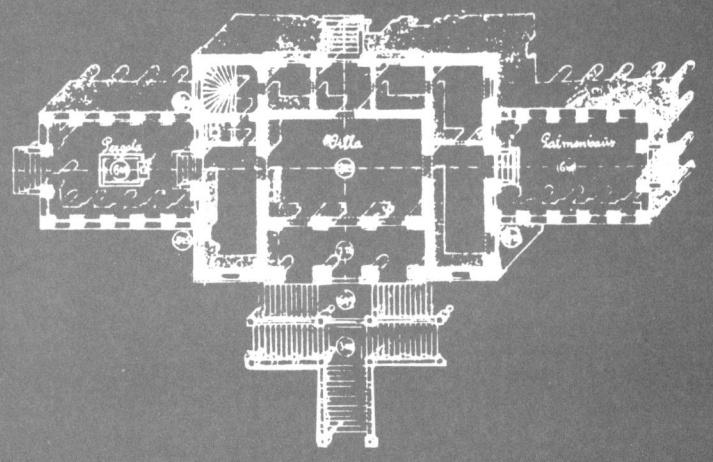

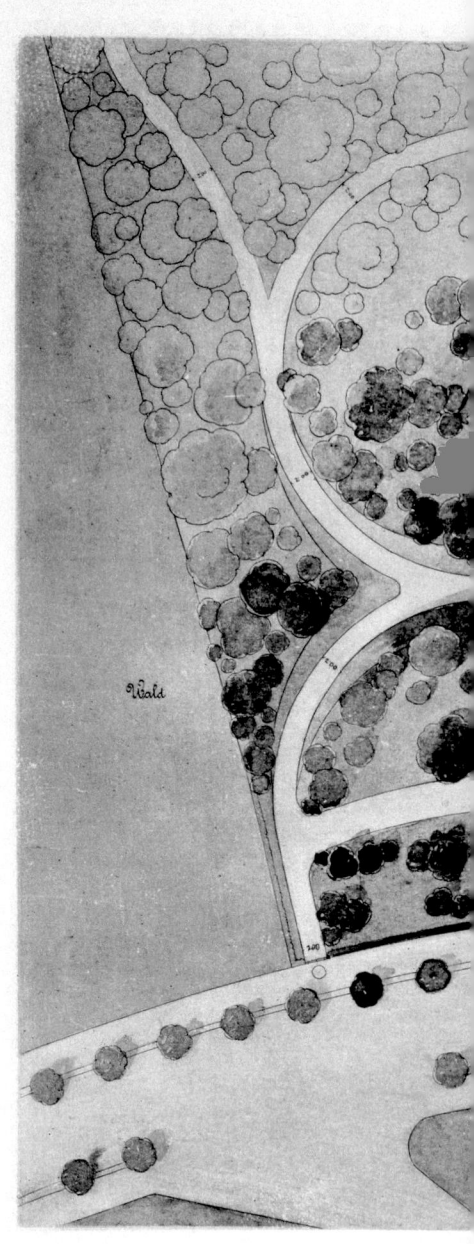

上 配置図
Above: Site plan
次頁 ヴィラ正面全景
Next page: View of the villa from the front

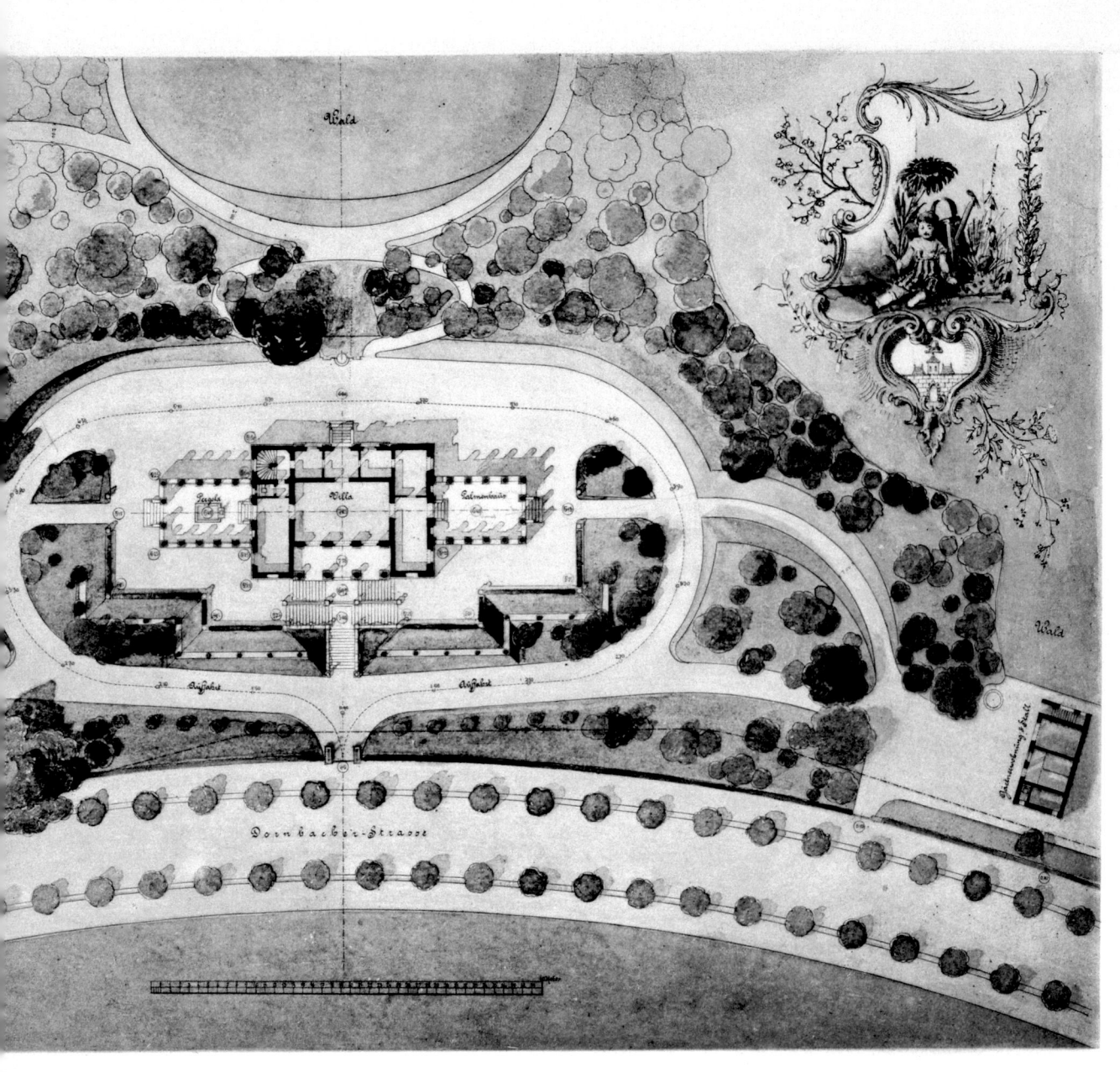

Villa des Herrn W in Hütteldorf bei Wien
Situation.

N° 35
O.W 888

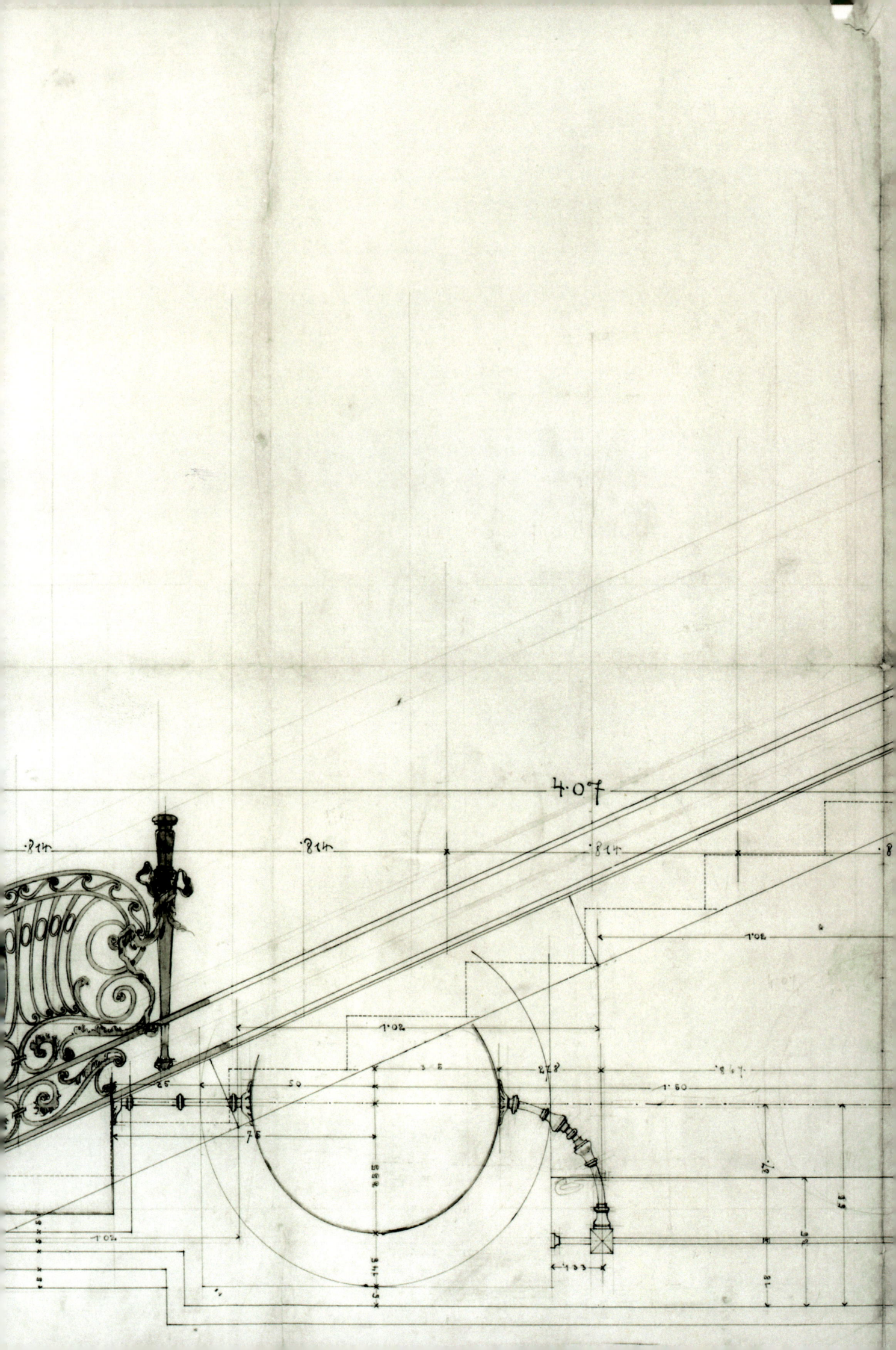

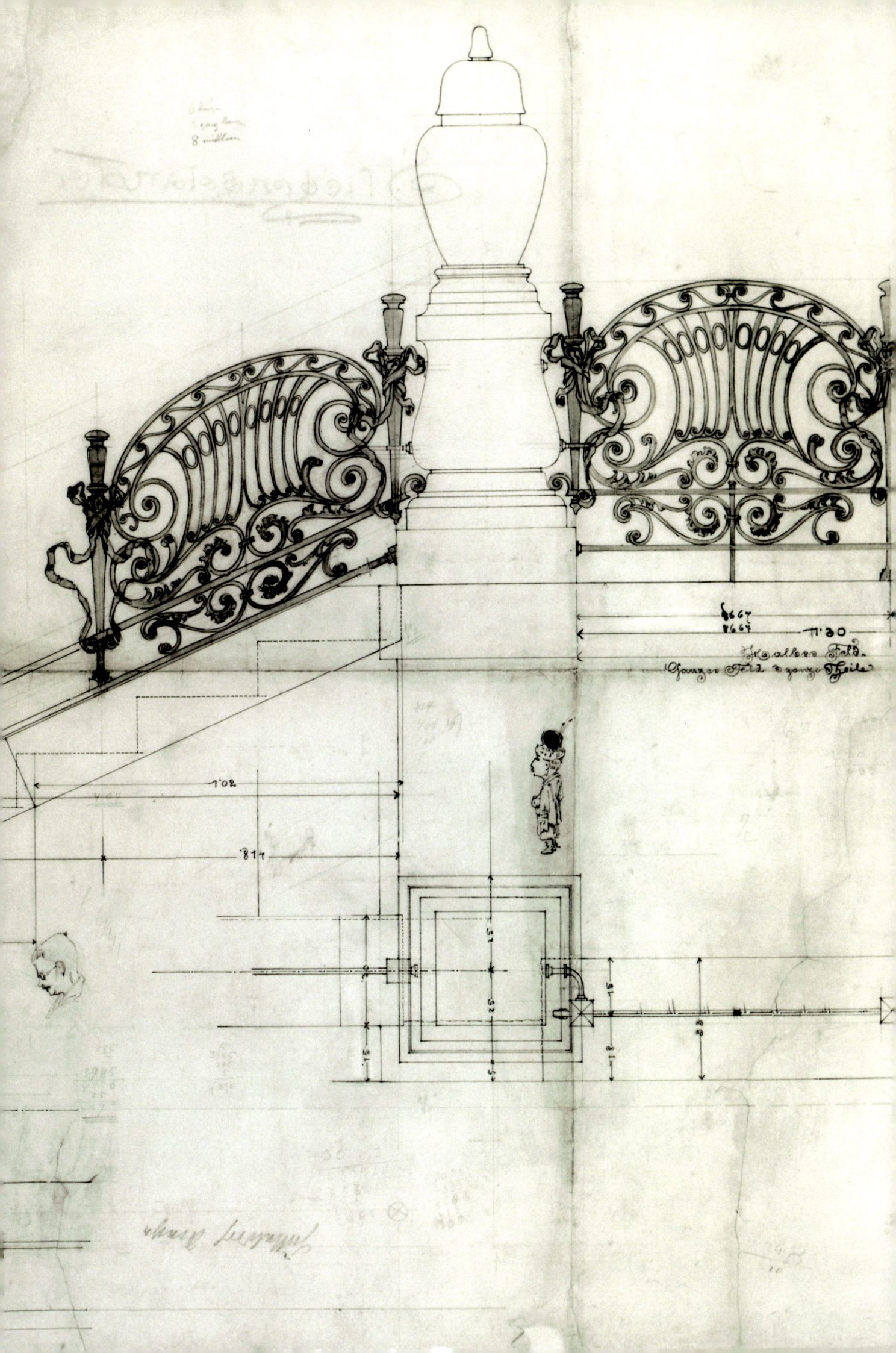

前頁 正面階段の立・断面および平面詳細図
Previous page: Elevation, section and plan detail drawing of the front staircase
左 西から見る
Left: View from the west
下 南東から見る
Below: View from the southeast

029

以前のパーゴラを改造したアトリエ
The architect's studio in a converted pergola

031

アトリエ内のステンドグラスはアドルフ・ベーム作「ウィーンの森の秋景色」
The stained glass in the studio is *Autumn Landscape in the Vienna Woods* by Adolf Boehm

Wohnhaus Wagner, Rennweg 3 (Palais Hoyos)
レンヴェーク3番地のワーグナー自邸 (パレ・ホヨース)

House Wagner, Rennweg 3 (Palais Hoyos)

年代：1890-1891

Vienna III, Rennweg 3
所在地：ウィーン3区, レンヴェーク3番地

レンヴェークに建てられた3軒の賃貸住宅のうちの1棟で、後に「パレ・ホヨース」の名で知られるようになるが、もともとワーグナーが自邸として建てたものである。シュタディオンガッセ6～8番地に賃貸住宅(1882-83)を建設してそこに置いていたアトリエを、この新邸に移している。ファサードが自立して、高い基礎階の上にフレームが立ち上がり、上階部分が額縁の中の絵画のように見えることは、本文中で指摘した。この絵画風の上階ファサードが新しさを感じさせるものの、まだ全体としては歴史主義に留まっている。他方、内部は実に合理的で機能的に構成されている。住宅とアトリエがきちんと空間的に分けられ、この2つの領域が階段(ゆったりと大きな主階段とそれに隣接する楕円形の螺旋階段)によって巧みに結ばれている。合理的でかつ機能的でもある内部空間と、自立する「被覆」としての歴史主義的なファサードという二元性は、ワーグナーの初期(1860-95)の特徴である。

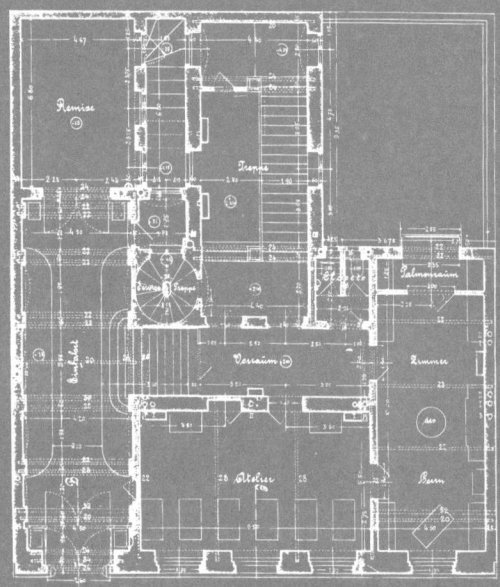

上 ファサード
Above: Façade
下 ファサード, 詳細
Below: Detail of the façade

上 表立面および断面図
Above: Front elevation and section plans
下 玄関上部を見上げる
Below: Looking up at the area above the entrance

035

上 居間の天井（現状）
Above: Living room ceiling (present condition)
右 居間の入口（現状）
Right: Living room entrance (present condition)

上 ワーグナーの『作品集』からの
　写真。居間
Above: Photograph of living room from
Wagner's *Einige Skizzen*

右 ワーグナーの『作品集』からの
　写真。食堂
Right: Photograph of dining room from
Wagner's *Einige Skizzen*

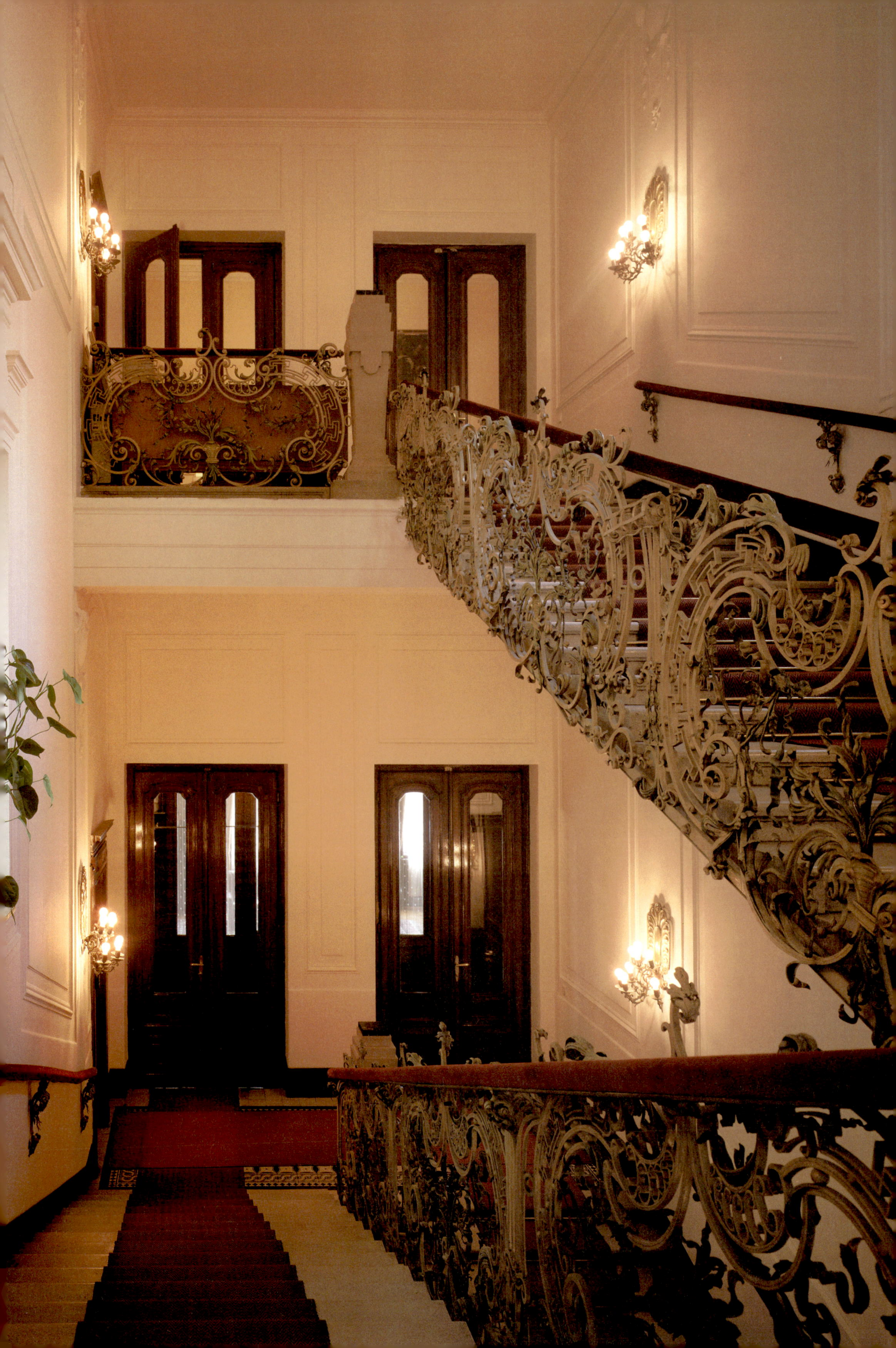

上 階段の手摺詳細
Above: Detail of the staircase railings
左 踊り場から見た階段
Left: View of the staircase from the landing

Festdekoration zum Einzug der Prinzessin Stephanie

皇太子妃となるベルギー王女シュテファニーを歓迎する祝賀行進の飾りつけ

Festival Decoration for the Entry of Princess Stephanie

年代：1881

皇太子ルドルフとベルギー王女シュテファニーとの結婚の祝賀行進が計画されて、1880年10月に祝典委員会はワーグナーを芸術顧問に任命した。翌1881年4月2日に、結婚式は5月10日と決定。ワーグナーは、エリザベート橋の飾りつけ、ブルク門前の観覧席、行進ルート全体の柱列などをデザインした。また、エリザベート橋の上に設けられたアーケードの下に白い服を着た少女たちを整列させるというアイデアもワーグナーから出されたものだった。

祝典パビリオンのスケッチ
Sketch of the festival pavilion

この祝典後取り壊された旧エリザベート橋の手前部の祝賀行進のための装飾は、ワーグナーにとって初めてのカールスプラッツに関わる設計であった

Festival decorations for the procession in front of the old Elisabeth Bridge, which was demolished after the festival, were Wagner's earliest Karlsplatz designs

祝典パビリオン
Festival pavilion

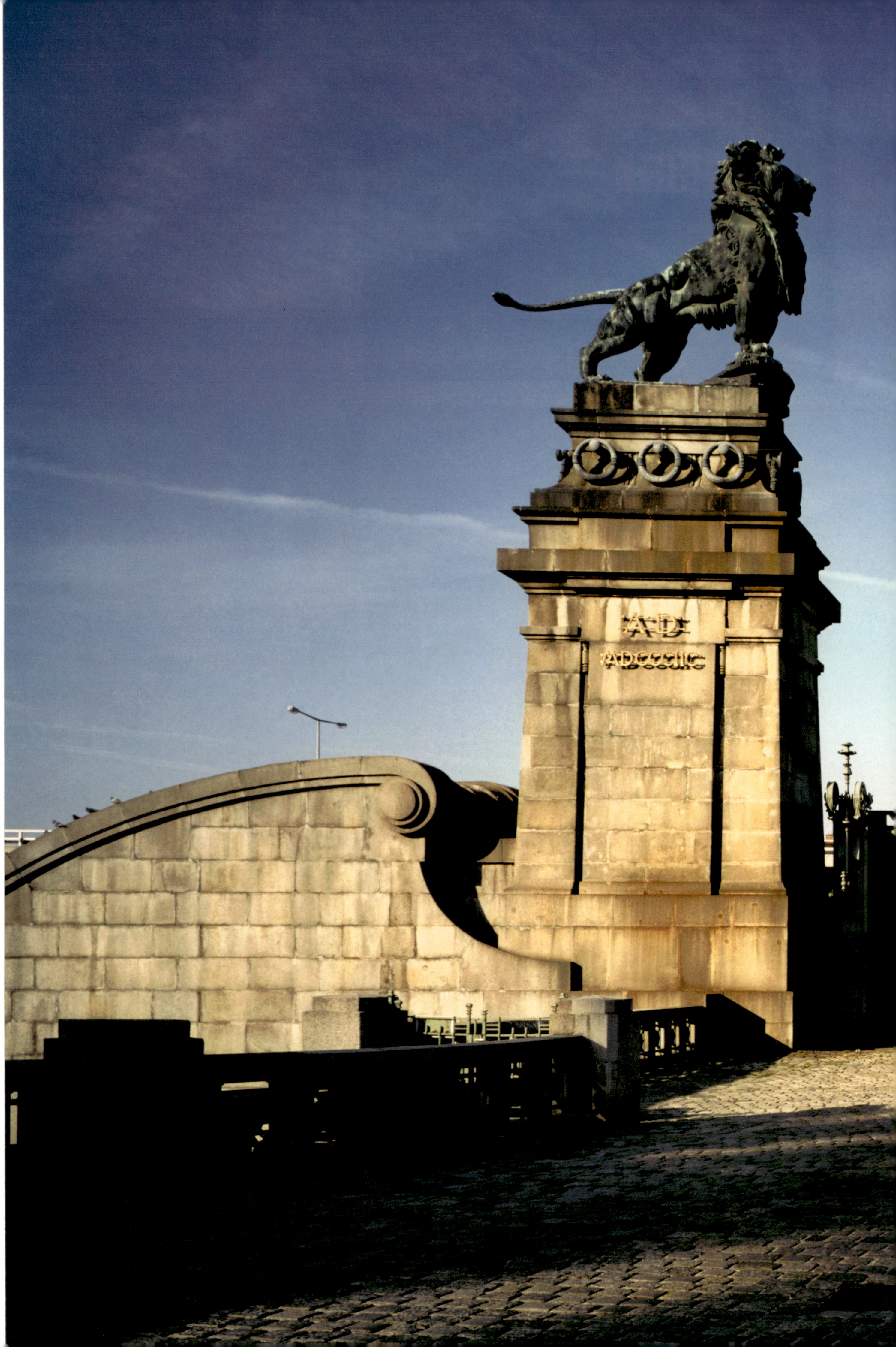

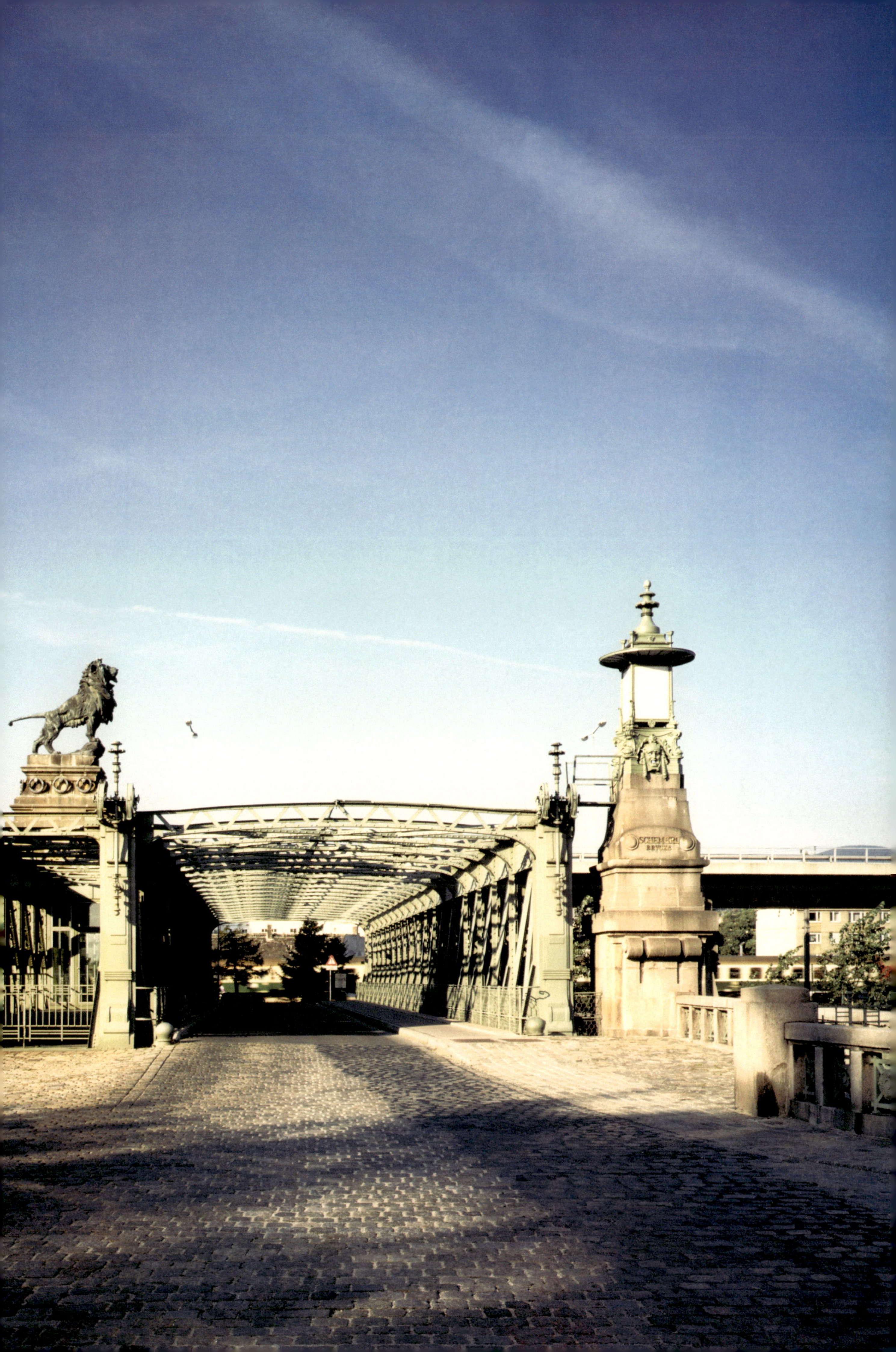

"Ankerhaus"

アンカーハウス

Ankerhaus, Residential and Commercial Building

年代：1893-1895

Vienna I, Graben 10
所在地：ウィーン1区, グラーベン10番地

ウィーンの繁華街グラーベンに建つ集合住宅兼店舗で、保険会社アンカーが施主である。3層構成のファサードは、主階は歴史主義そのものだが、店舗の入る基礎階（1、2階）も屋上のペントハウスもガラス張りで、全体にモダンで斬新な印象を与える。

アンカーハウス計画案, 透視図
Ankerhaus preliminary design perspective drawing

046

アンカーハウス計画案, 立面図と断面図
Ankerhaus preliminary design elevation and section plans

グラーベンから見たアンカーハウス
View of Ankerhaus from the Graben

048

1895-1900 Chapter 2

1895-1900年
第2章
歴史主義からの離脱

歴史主義からの離脱
―― アール・ヌーヴォーとウィーン分離派からの刺激

　19世紀末の建築芸術的試みの到達点を示す、もう一つの作品としてウィーン市電のカールスプラッツ駅舎（54頁）があり、この作品は手仕事によって有機的につくり上げられた芸術作品という印象を与える。この印象に間違いはないが、実はこの建築には、プレファブリケーションという近代的な構法が大胆に採用され、それが外観にも現れたものである。単純にファサードの建築とは呼ぶことのできない建築である。しかも、ひまわりや特有の渦巻き模様などの分離派的な建築装飾が表層に加えられて、19世紀の間にワーグナーが育んできた芸術的特性と、これから20世紀になって強くなる技術的特性が融合するものになっている。この駅舎建築は鉄骨造である。鉄骨の構造体に2センチ厚の白色の大理石板が外装としてはめ込まれ、3センチの隙間をはさんで、内装は5センチ厚の石膏プラスター壁（下地は木ずり）になっている。鉄骨とガラスが外観に出てくる例はすでにアンカーハウスに見られたが、ここでは、外観を含む全体の芸術的表現にモダンな材料と技術が完全に融合されているのである。

■――若手建築家たちとの協働

　それにしても、作品を年代順に見て不思議に思うのは、1895年のアンカーハウス（46頁）以降に急激に進むワーグナーの作風の変化である。アンカーハウスまでは鉄やガラスのモダンな材料や技術を取り入れたとしても、ファサード一つをとっても歴史様式特有の3層構成や個々の装飾手法がどこかに残っていた。それが、数年後のリンケ・ヴィーンツァイレの集合住宅（66頁）（76頁）やカールスプラッツ駅舎（54頁）、さらにはウィーン郵便貯金局（1904-06）（92頁）とアム・シュタインホーフ教会（1905-07）（110頁）になると、歴史様式の残滓というものを感じさせなくなるのである。

　なぜか。その理由として考えられるのは、新様式の創出に燃えていたオルブリヒやヨーゼフ・ホフマンなどの優秀な若手からの影響である。

　ワーグナーの建築は、場所性、気候、生活様式、材料・技術、都市問題などのさまざまな問題を多面的に検討し、平面形式・空間構成・構造システムなどの最適解を求め、最終的に統合するもので、その美はあくまでも理知的で静的であり、均整のとれた構成美である。そ

アンカーハウス　　　　　　カールスプラッツ駅舎

れは、同じく新様式創出をめざしたとしても、時として表層のデザインに終始して図案的で動的であり、動植物の自然モチーフを好んだアール・ヌーヴォーとは、本質的に異なるものだった。その彼が、1895年頃から10年ほどの間にヨーロッパ主要都市に急速に広がる新様式としてのアール・ヌーヴォーに接近した。そしてアール・ヌーヴォーを通して、感覚的で自由な造形や素材の扱いを身につけ、彼の建築はより都市的で洗練され、軽やかで透明感に満ちたものになっていった。

当時、彼はウィーン市電の軌道から駅舎にいたるいっさいを設計しており、その駅舎の一つホーフパヴィリオン（58頁）の外部装飾はバロック的である反面、内部では自然モチーフを図案化し引き伸ばして曲線の遊びのなかに融解するセセッションの特徴も示していた。

リンケ・ヴィーンツァイレ38番地（66頁）と隣の40番地のマジョリカハウス（76頁）、そしてカールスプラッツ駅舎（54頁）でも、彼は、それぞれに全くオリジナルな装飾体系で外観全体を覆い、歴史様式を完全に払拭している。これらはアール・ヌーヴォーというよりもウィーン分離派様式と言ったほうが正確であろう（後者の新様式運動は1897年に始まった）。

歴史主義からの離脱と近代建築創出をめざしていたワーグナーにとって強い刺激と励ましになったのは、画家・工芸家コーロ・モーザー、建築家オルブリヒとヨーゼフ・ホフマンなどの若手が「七人クラブ」という非公式なグループを結成し、たびたび集まっては激論した、建築の新しい動きと未来に関する議論の場だった。しかも、アール・ヌーヴォーという新種の様式を実際にワーグナーのアトリエに持ち込んだのも、当時彼のもとで働いていたオルブリヒやホフマンらの若手であった。

「七人クラブ」は、1897年には画家グスタフ・クリムト（1862-1918）をリーダーとして旗揚げされた「ウィーン分離派」に発展した。翌年にはオルブリヒの設計によって活動拠点となるウィーン分離派館（1897-98）が完成し、その玄関の上には「時代にその芸術を、芸術にその自由を」という彼らのモットーが、金字で刻まれた。因みに、ワーグナーがウィーン分離派のメンバーになったのは1899年である。

ホーフパヴィリオン　　　　　　　　　リンケ・ヴィーンツァイレ38番地の集合住宅

Wiener Stadtbahn
ウィーン市電
Viennese Municipal Railway
年代：1894-1901

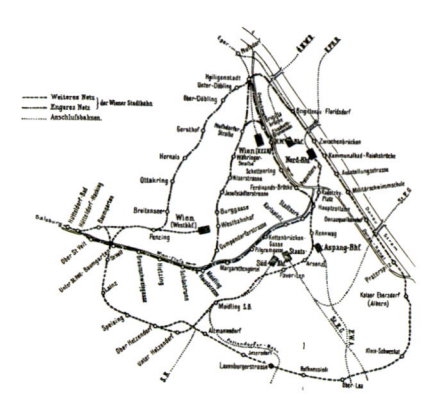

ワーグナーは、環状線、ウィーン川・ドナウ運河線、郊外線、ウィーン二区線の総計36の駅舎、それに鉄道橋、高架橋、切り通し、トンネル、擁壁等の鉄道施設を計画し、建設した。この市電建設は、ウィーン川治水工事やドナウ運河改修工事と一体的に構想され、ウィーンを近代的なメトロポリスへと変貌させた。

ウィーン市電の路線図 (1910年頃)
Route map of the Vienna Municipal Railway (Stadtbahn) (c. 1910)

上 シェーンブルン駅舎
Above: Schönbrunn Station
左下 ホーフパビリオン, ヒーツィング駅からの眺め
Bottom left: View of Hofpavilion from Hietzing Station
右下 オッタークリンク駅舎
Bottom right: Ottakring Station

052

上 カールスプラッツ駅舎と市電駅構内の透視図
Above: Perspective drawings of Karlsplatz Station and municipal railway platforms

次頁 カールスプラッツ駅舎 　　　　　56-57頁 カールスプラッツ駅舎, ホール天井
Next page: Karlsplatz Station　　　　Pages 56 and 57: Karlsplatz Station entrance hall ceiling

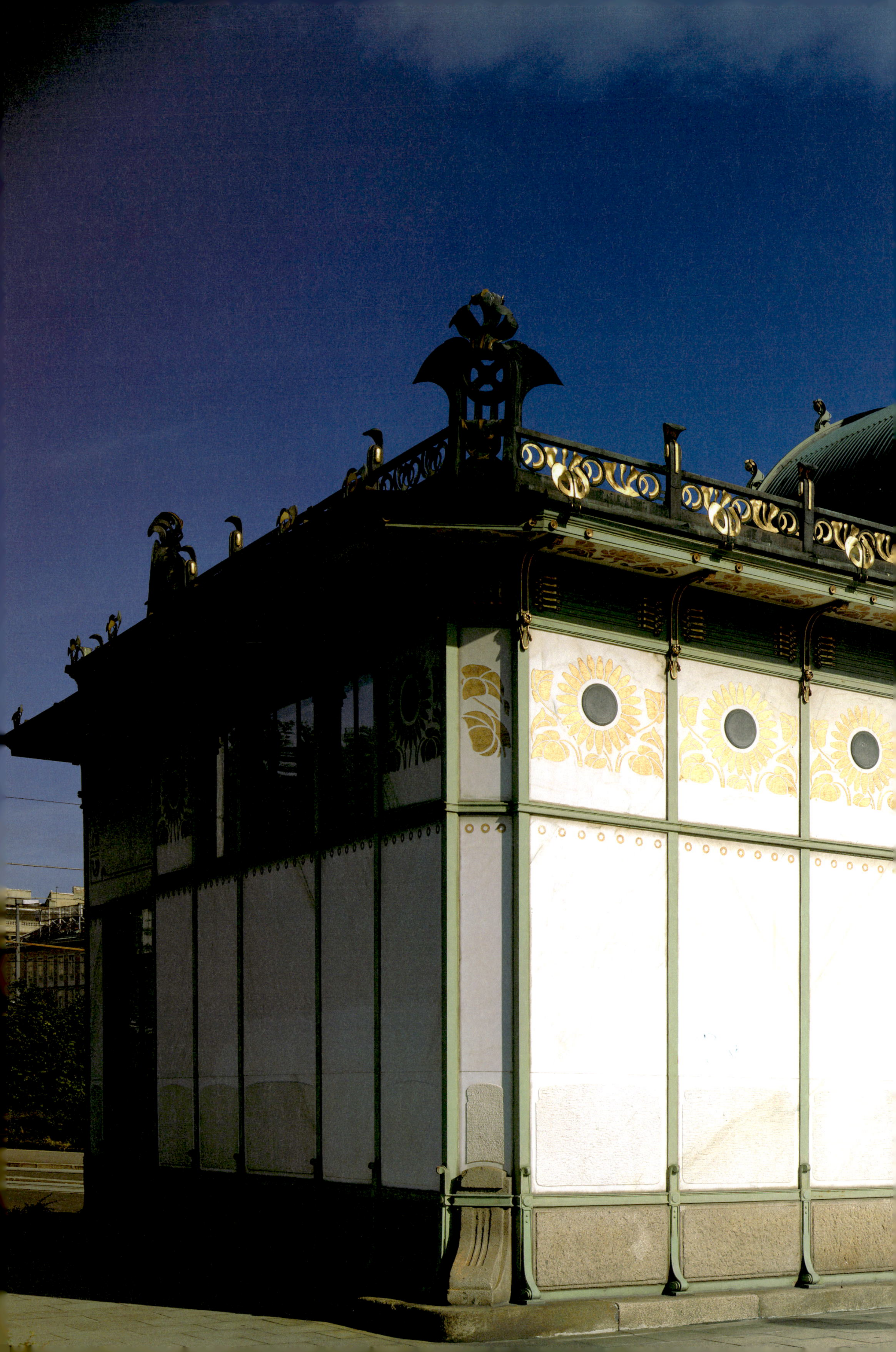

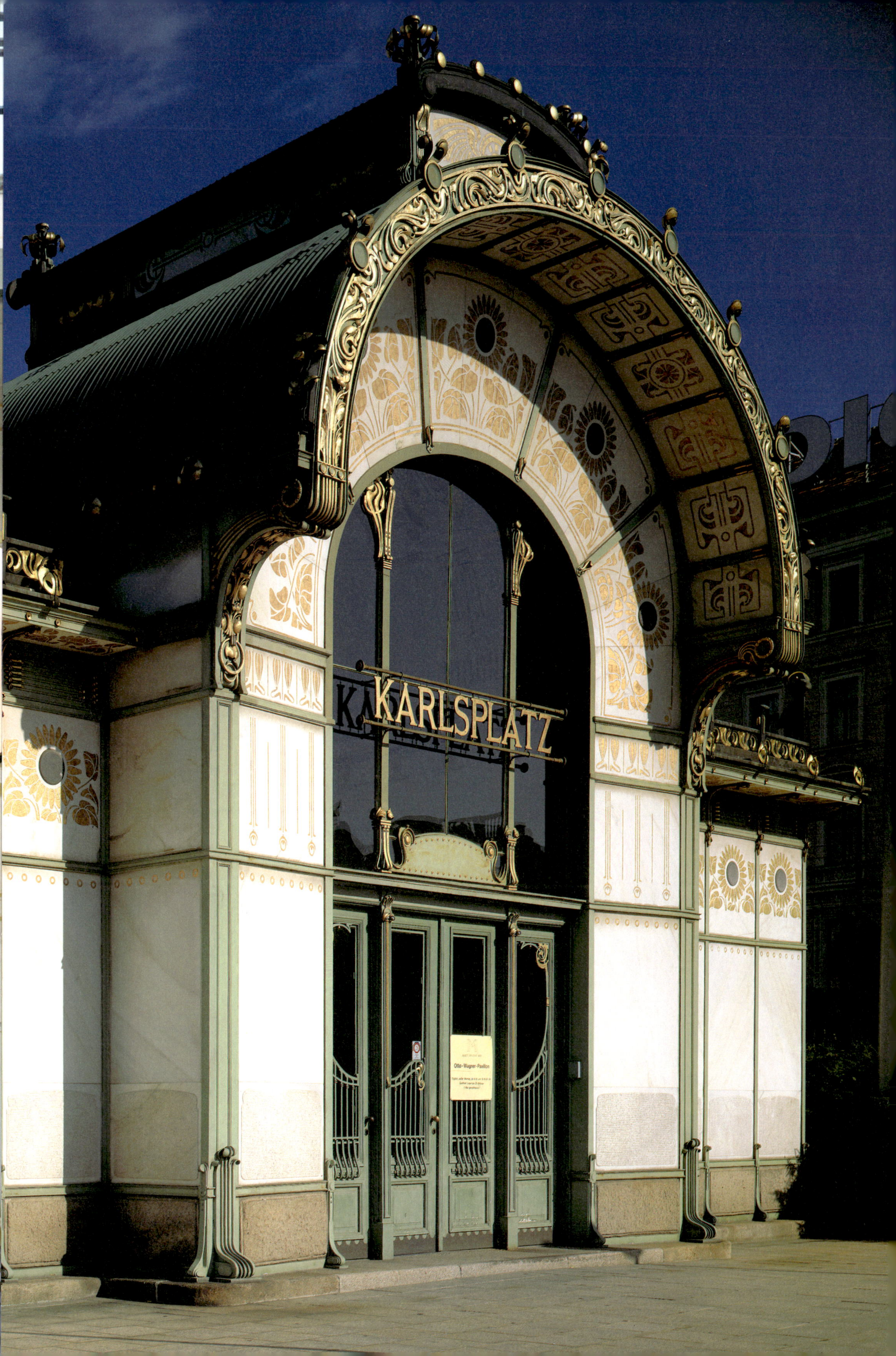
KARLSPLATZ
Otto-Wagner-Pavillon

上 ホーフパビリオン，最初の計画案(1896年)
Above: Initial design proposal for the Hofpavilion (1896)
右 ホーフパビリオン，道路からの眺め
Right: View of the Hofpavilion from the street

PAVILLON · DES · K VND K
ALLERHÖCHSTEN · HOFES

ARCHITEKT OTTO WAGNER
K·K· OBER-BAVRATH

Moderne Architektur
『近代建築』, 第1–3版
Modern Architecture, Editions 1-3
1896, 1898, 1902

この本は第3版まで、形と内容をほとんど変えていない。もともと1894年に教授となったウィーン造形芸術アカデミーの学生向けの教科書として執筆されたものである。彼のいう「近代建築」の本質が何であって、19世紀歴史主義からどう離脱したかが読み取れる貴重な資料である。

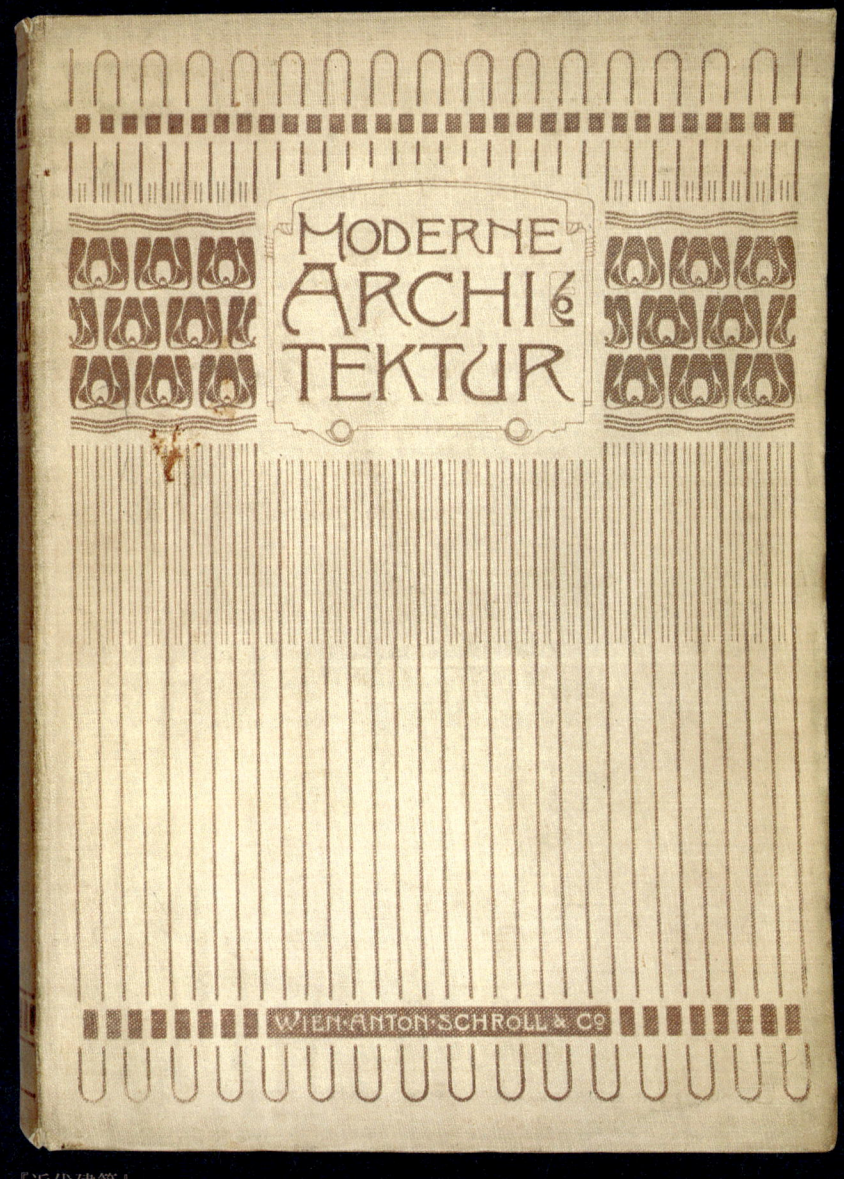

『近代建築』
Moderne Architektur (Modern Architecture)

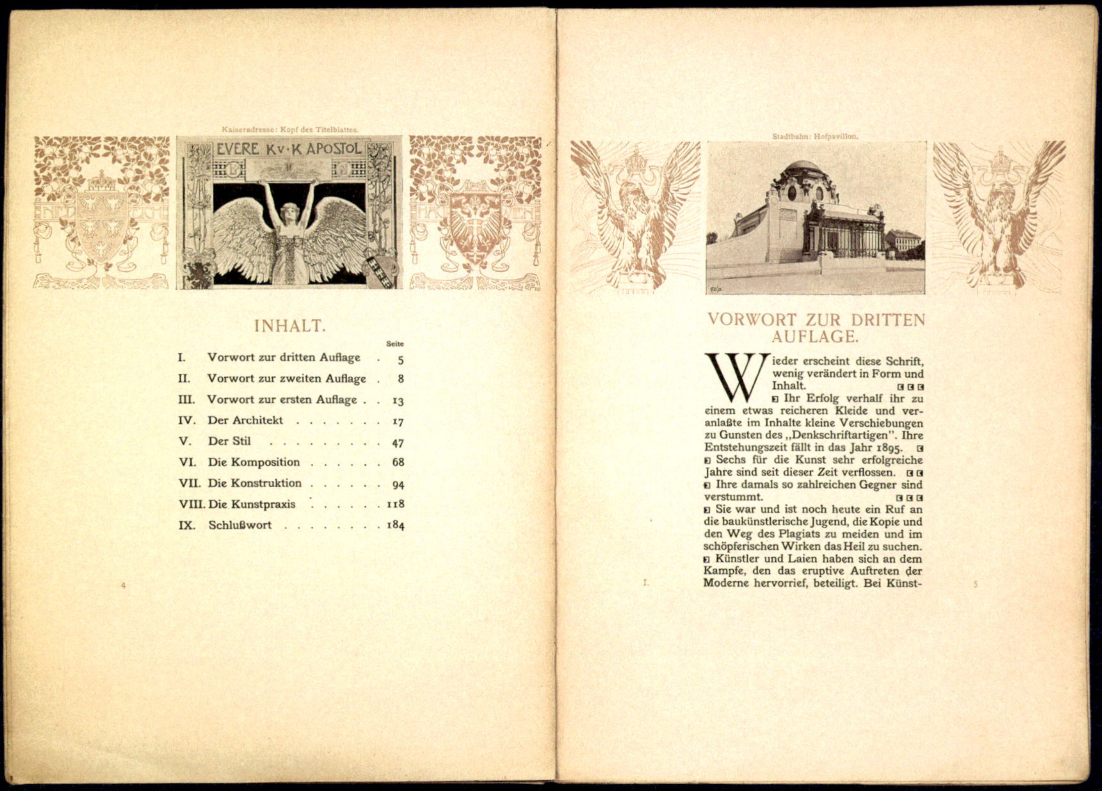

目次
Ⅰ．第3版の前書 5　Ⅱ．第2版の前書き 8　Ⅲ．初版の前書き 13　Ⅳ．建築家 17　Ⅴ．様式 47
Ⅵ．構成 68　Ⅶ．構造 94　Ⅷ．芸術の実際 118　Ⅸ．結語 184

どの新しい様式も、新しい構造、新しい材料、新しい人間的な課題や見方が、既成の形の変更と改新を求めることによって、前の様式から徐々に成立したものである。
出典　オットー・ワーグナー『近代建築』樋口清・佐久間博訳　中央公論美術出版　1985年刊，P.30

Miethaus, Linke Wienzeile 38

リンケ・ヴィーンツァイレ38番地
の集合住宅

Apartment Building "Linke Wienzeile 38"

年代：1898-1899

Vienna VI, Linke Wienzeile 38
所在地：ウィーン6区, リンケ・ヴィーンツァイレ38番地

リンケ・ヴィーンツァレイ40番地、同38番地、ケストラーガッセ3番地と連続する3軒のうちの真ん中に位置する賃貸集合住宅で、リンケ・ヴィーンツァイレとケストラーガッセの街角に入り口がある。ファサード上部に並ぶコーロ・モーザーのデザインによる金色に輝く乙女の横顔が彫り込まれた9個のメダイヨン（楕円レリーフ）が特徴的である。隣接する40番地とは、縦長の窓が垂直・水平方向に機械的に並ぶ壁体が同じであるにもかかわらず、表層の装飾を変えることによって全く異なる印象を生み出している。どちらのファサードからも、数年前の「アンカーハウス」にはまだ残っていた古典的な3層構成が消えて、そのファサード全面に新しい装飾の体系が展開する。そして、もう一つの見どころは、建物内部の階段・エレベーター周りに施された装飾である。

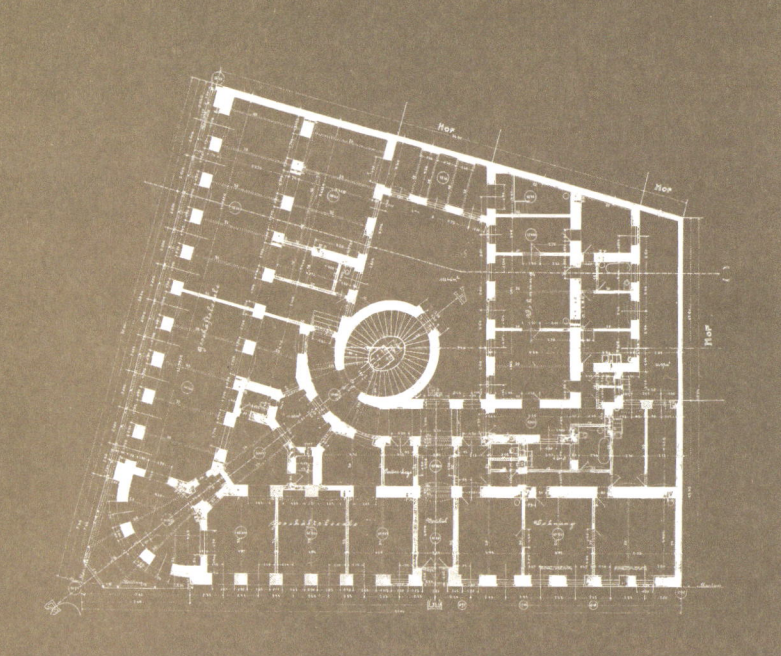

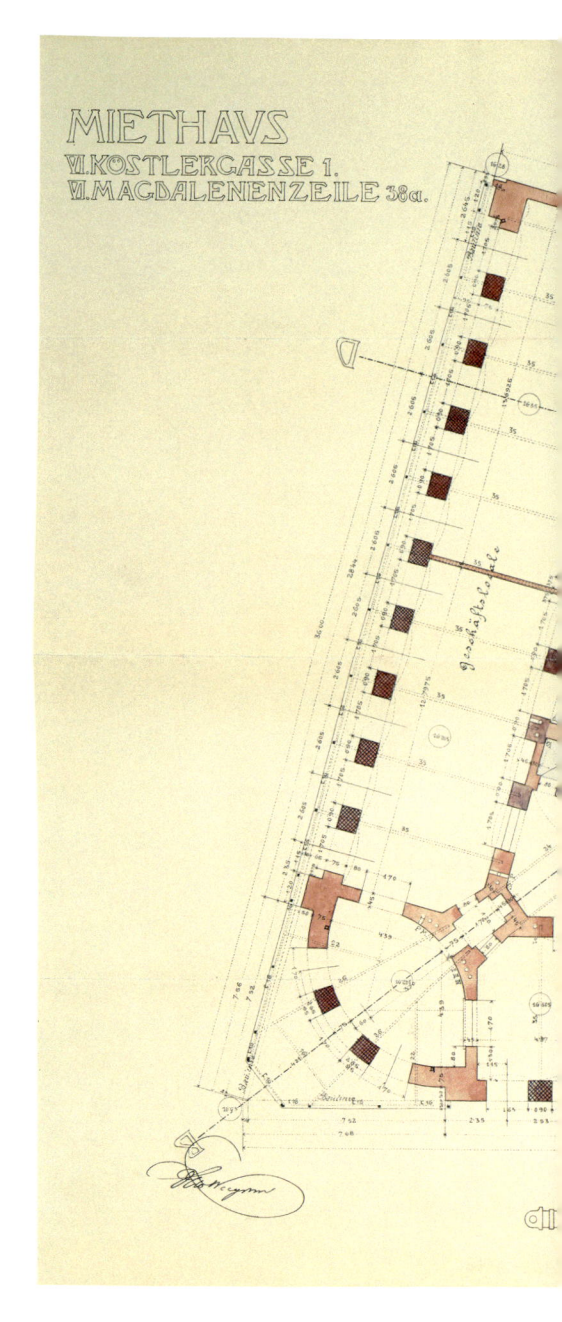

1階平面図
1st floor plan

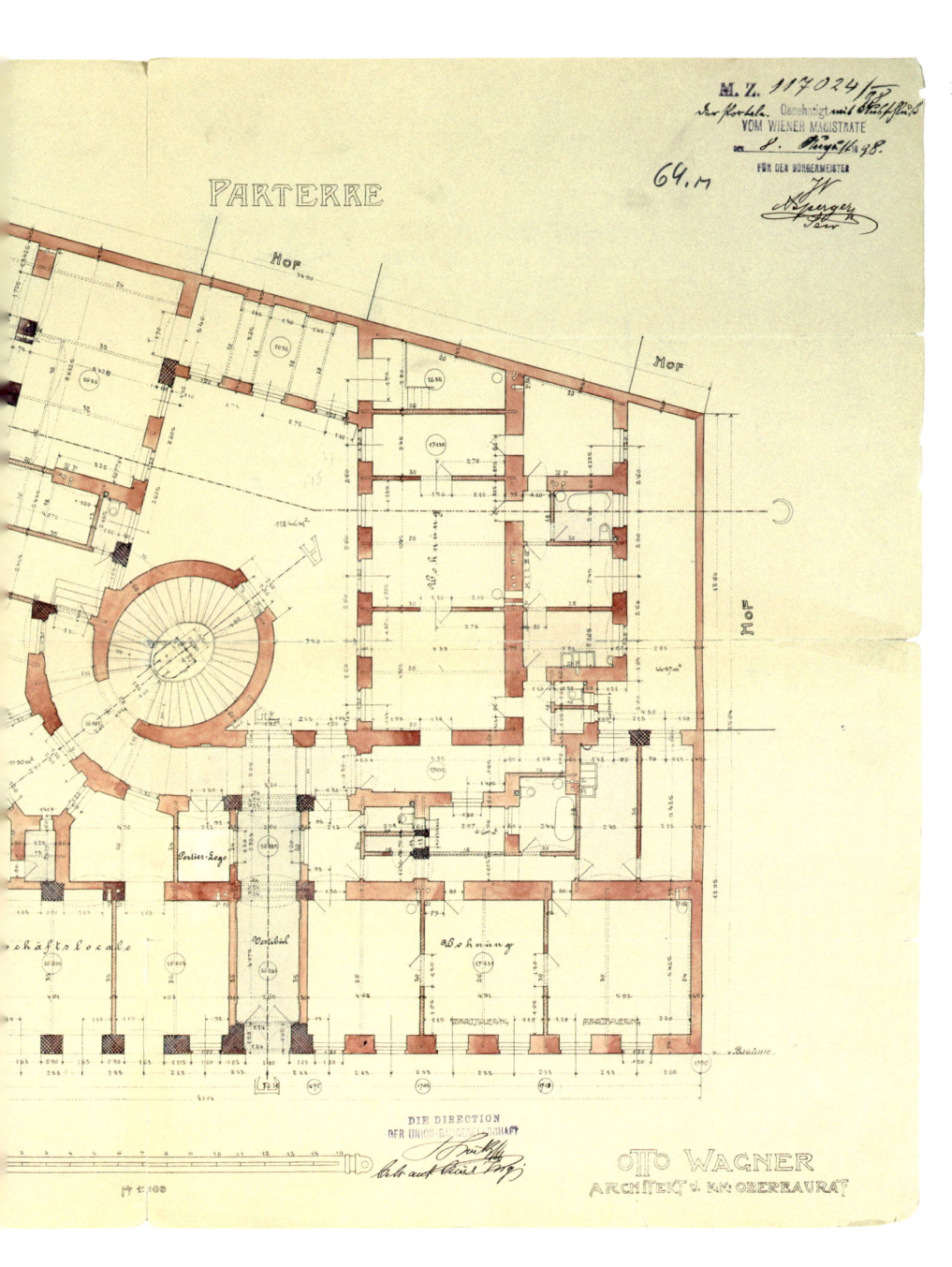

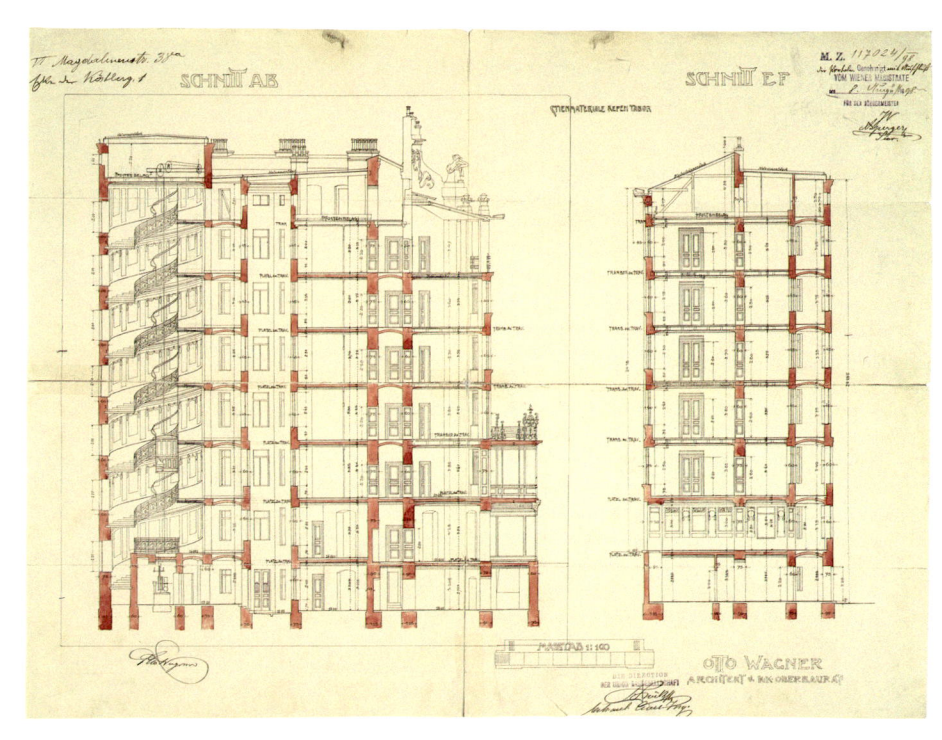

右 断面図
Right: Section plan

次頁 3軒の集合住宅、リンケ・
　　ヴィーンツァイレ38, 40番地
　　とケストラーガッセ3番地
Next page: Three apartment buildings at
　　Linke Wienzeile 38, 40 and
　　Koestlergasse 3

067

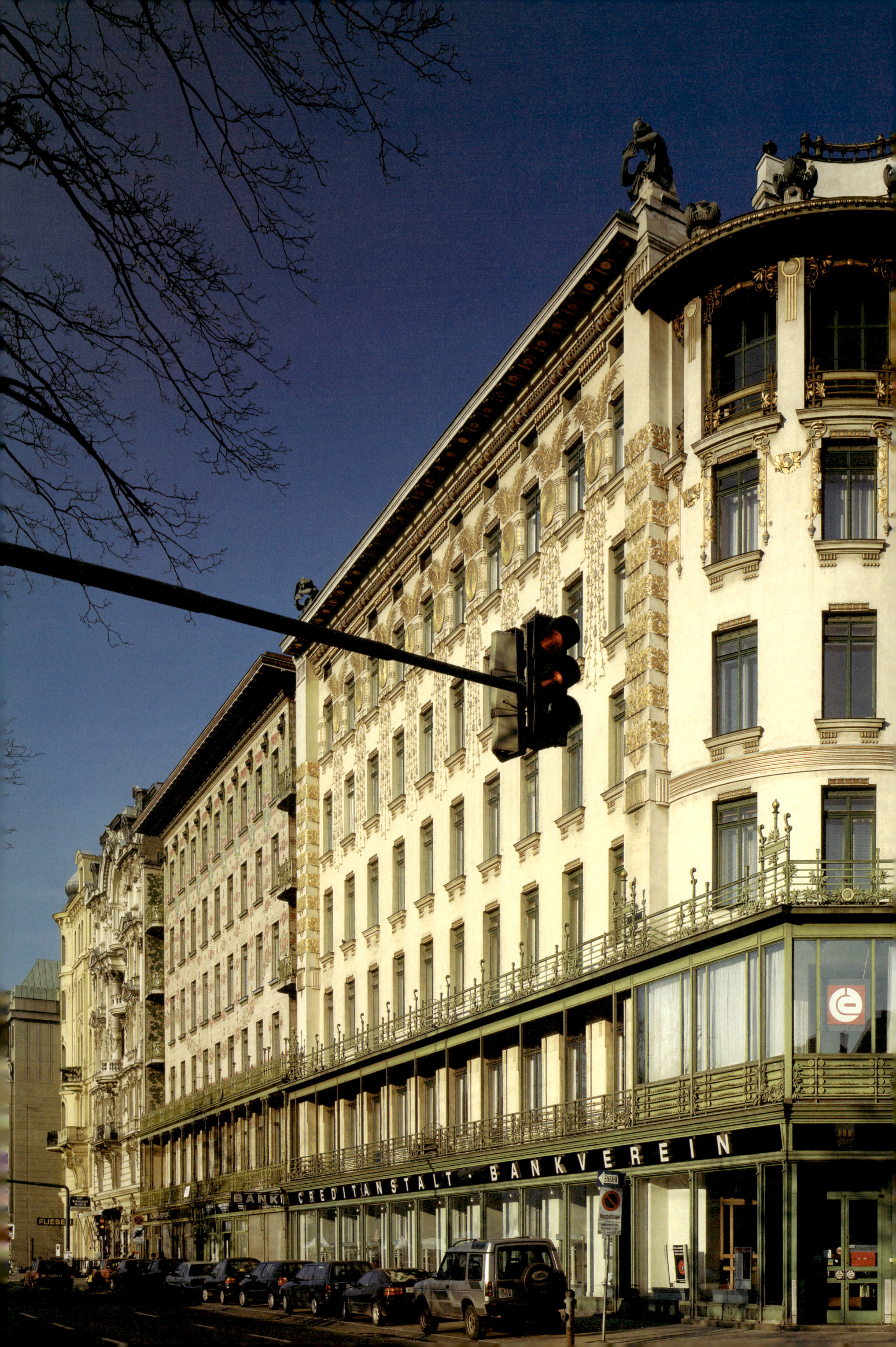
CREDITANSTALT · BANKVEREIN
BANK
FLIESEN

郵便はがき

170-0011

恐縮ですが切手をお貼りください

東京都豊島区池袋本町3-31-15

㈱東京美術　出版事業部　行

**毎月10名様に抽選で
東京美術の本をプレゼント**

この度は、弊社の本をお買い上げいただきましてありがとうございます。今後の出版物の参考資料とさせていただきますので、裏面にご記入の上、ご返送願い上げます。なお、下記からご希望の本を一冊選び、○でかこんでください。当選者の発表は、発送をもってかえさせていただきます。

――もっと知りたいシリーズ――

尾形光琳―生涯と作品
曾我蕭白―生涯と作品
菱田春草―生涯と作品
藤田嗣治―生涯と作品
岡本太郎―生涯と作品
興福寺の仏たち
ボッティチェッリ―生涯と作品
ゴヤ―生涯と作品
ルネ・ラリック―生涯と作品
ゴッホ―生涯と作品
ピカソ―生涯と作品
ガウディ―生涯と作品

――すぐわかるシリーズ――

日本の美術 [改訂版]
日本の伝統色 [改訂版]
産地別 やきものの見わけ方 [改訂版]
東洋の美術
キリスト教絵画の見かた

――てのひら手帖シリーズ――

てのひら手帖【図解】日本の絵画
てのひら手帖【図解】日本のやきもの
てのひら手帖【図解】日本の漆工
てのひら手帖【図解】日本の仏像
てのひら手帖【図解】日本の刀剣

彫刻家シムコヴィッツの新しい時代の到来を告げる乙女の像
Bronze statue by Othmar Schimkowitz of a "calling woman" announcing the dawn of a new era

左 リンケ・ヴィーンツァイレ側のファサードを見上げる
Left: Looking up at the façade on the Linke Wienzeile side.
右 コーロ・モーザー作の楕円レリーフの詳細
Right: Detail of the oval relief designed by Kolo Moser
次頁 階段とエレベーター
Next page: Staircase and elevator
74-75頁 階段とエレベーターを見下ろす
Pages 74 and 75: Looking down on the staircase and elevator shaft

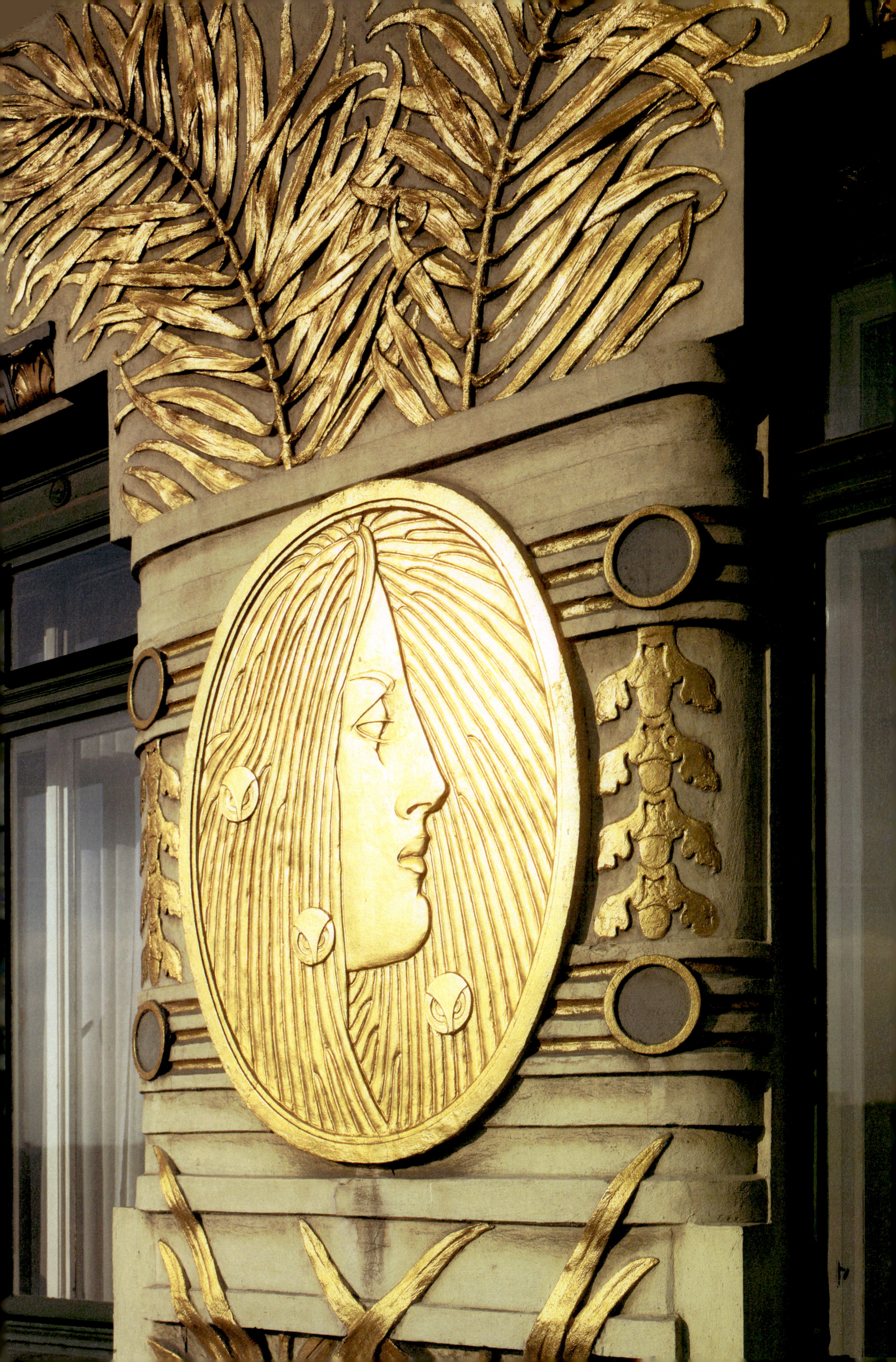

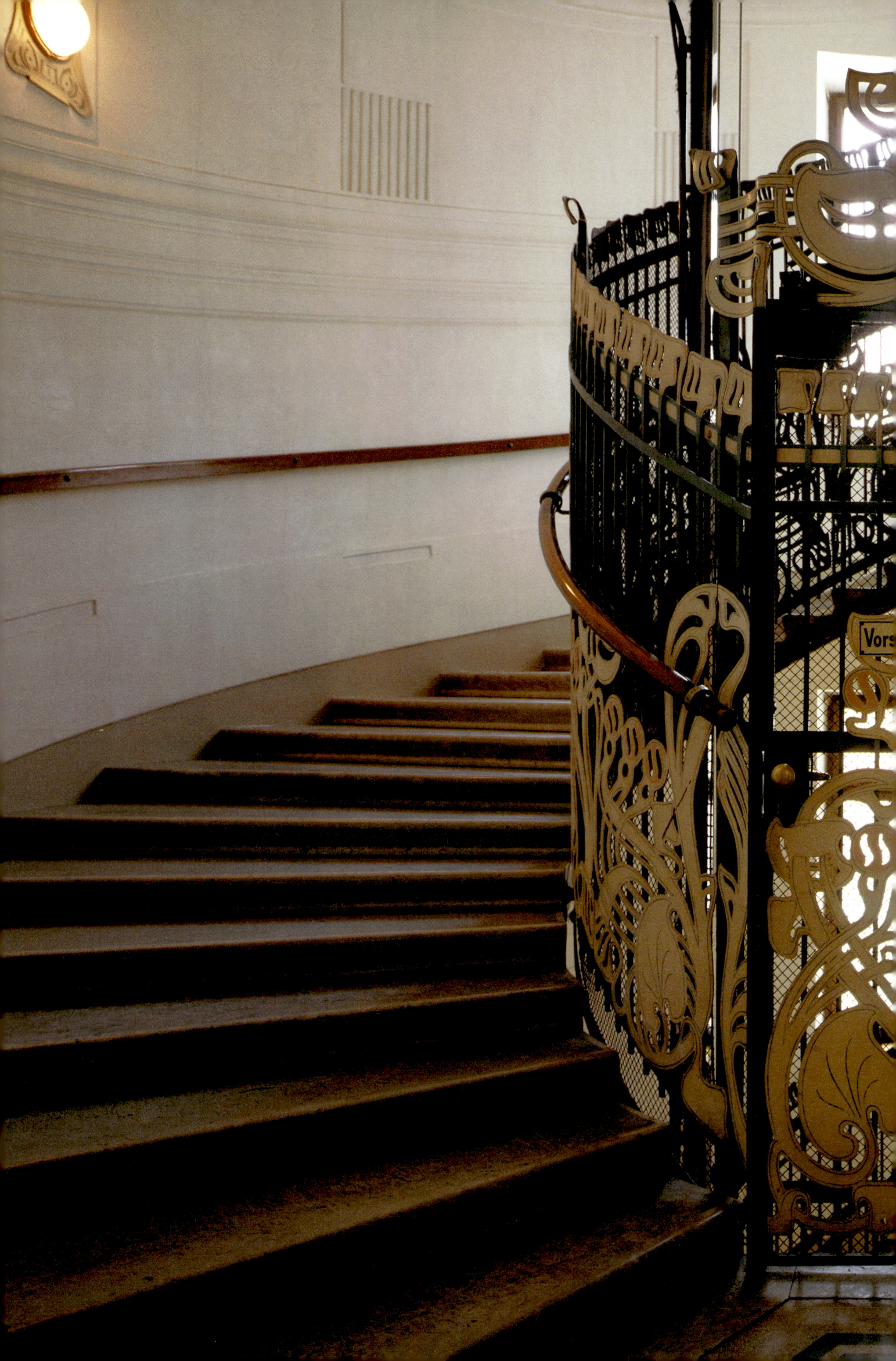
Vors

Aufzug!

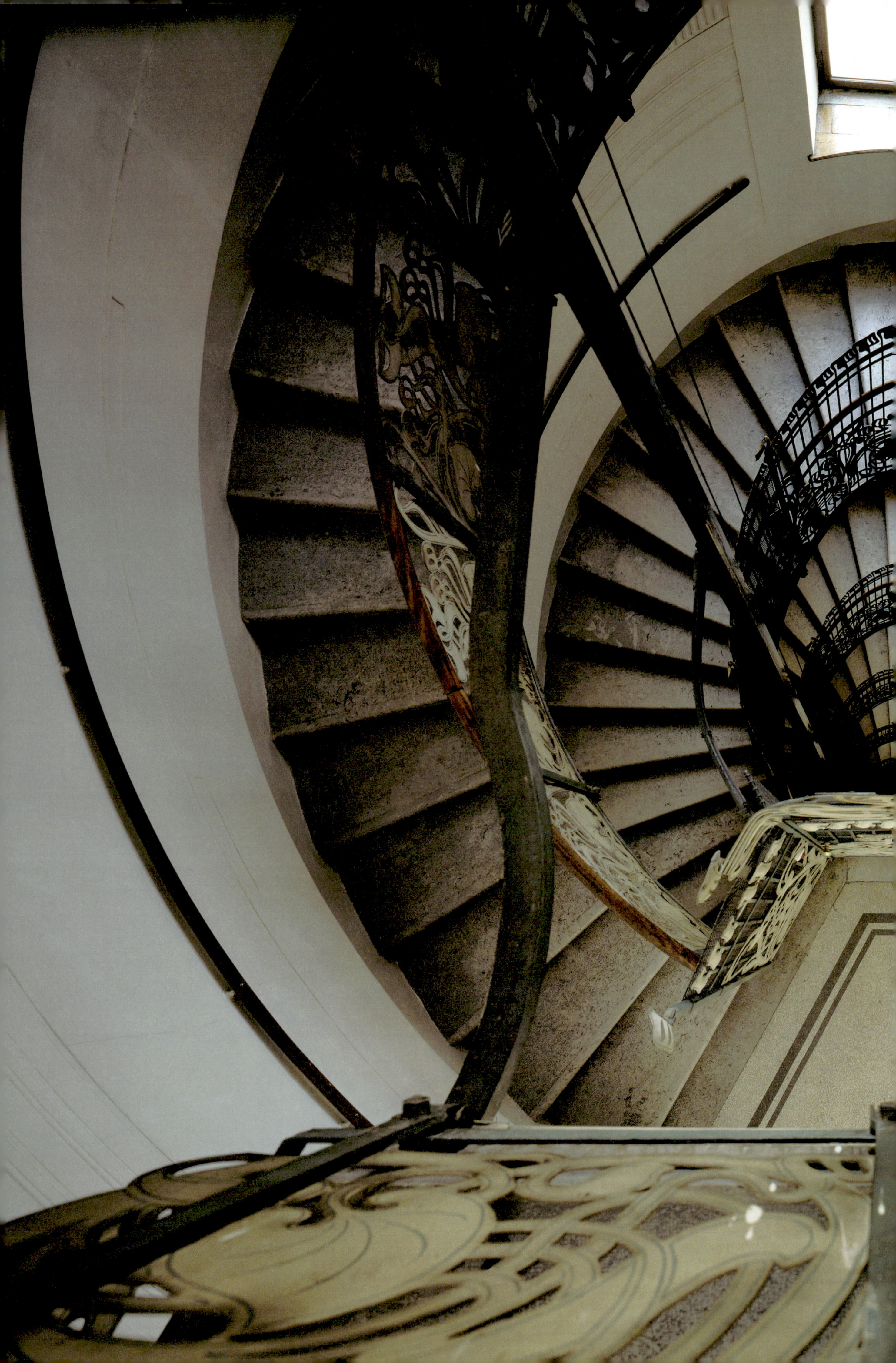

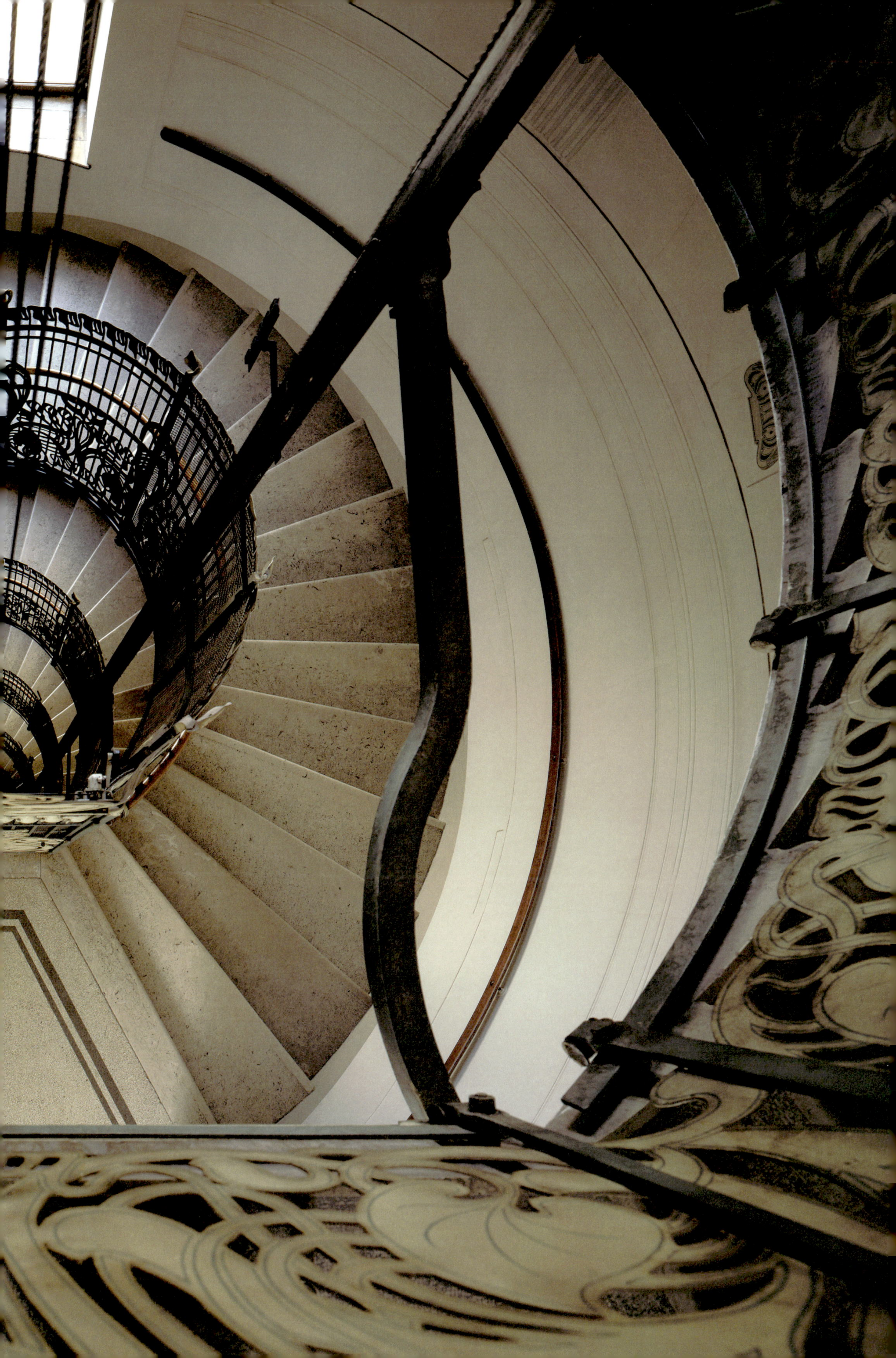

"Majolikahaus" Miethaus, Linke Wienzeile 40

リンケ・ヴィーンツァイレ40番地の集合住宅(マジョリカハウス)

"Majolikahaus" Apartment Building Linke Wienzeile 40

年代：1898-1899

Vienna VI, Linke Wienzeile 40
所在地：ウィーン6区, リンケ・ヴィーンツァイレ40番地

このリンケ・ヴィーンツァイレ40番地の集合住宅は「マジョリカハウス」と呼ばれる。マジョリカ焼きのタイルを使って、赤い大輪のバラの咲き誇る様子がファサード全面に生き生きと描き出されているところから、この名が生まれた。レンヴェーク３番地ではファサードの上半分に、平滑な面に絵画を描くような気分が出ていたが、ここではファサードの全面が対象となっている。しかも、マジョリカ・タイルを用いてバラの美しさを「永遠化」することも試みられた。隣接するリンケ・ヴィーンツァイレ38番地と比較すれば、ファンサード全面に施される装飾によって建物の印象がどれほど変わるかがよく理解できる。

面全体に生き生きと装飾を施して内部空間に美と生命感をもたらすことが、ここでも隣の38番地と同様に、階段とエレベーター周りで試みられている。ここもファサードも、大勢の人々が前を通過し、その目に触れる場所なのである。

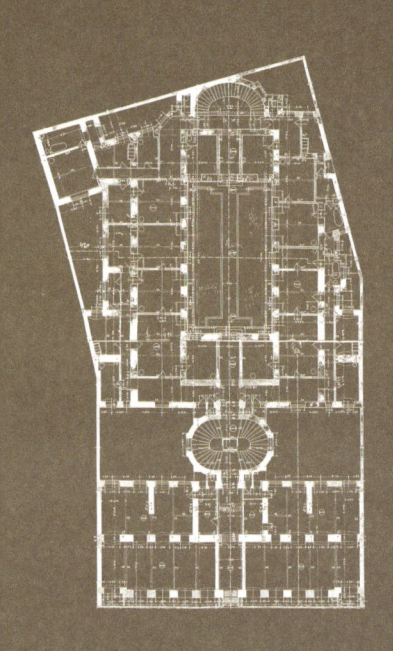

上 ファサードのスケッチ
Above: Sketch of the façade
左下 断面図
Bottom left: Section plan
右下 １階平面図
Bottom right: 1st floor plan
次頁 ファサード
Next page: Façade

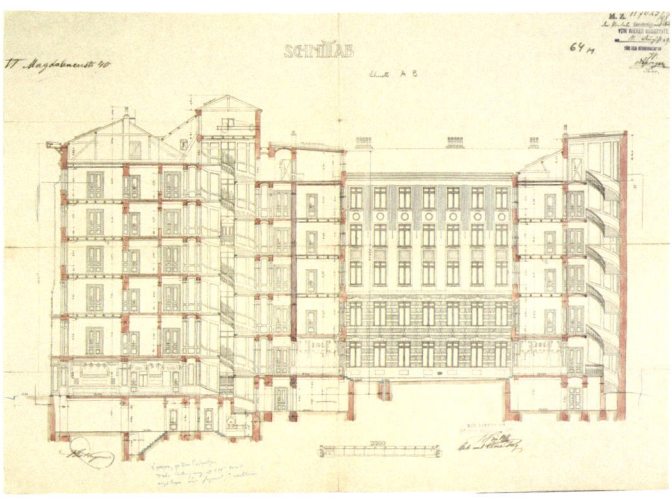

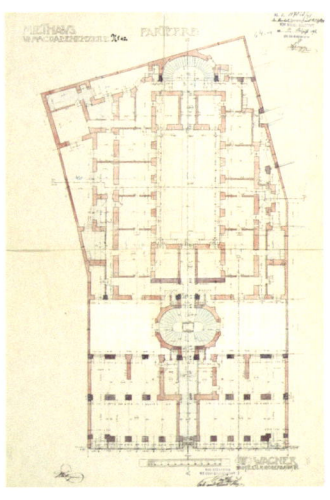

MIETHAUS AN DER MAGDALENENZEILE.
Architekt: Ober-Baurath Otto Wagner, Professor an der Akademie der bildenden Künste.

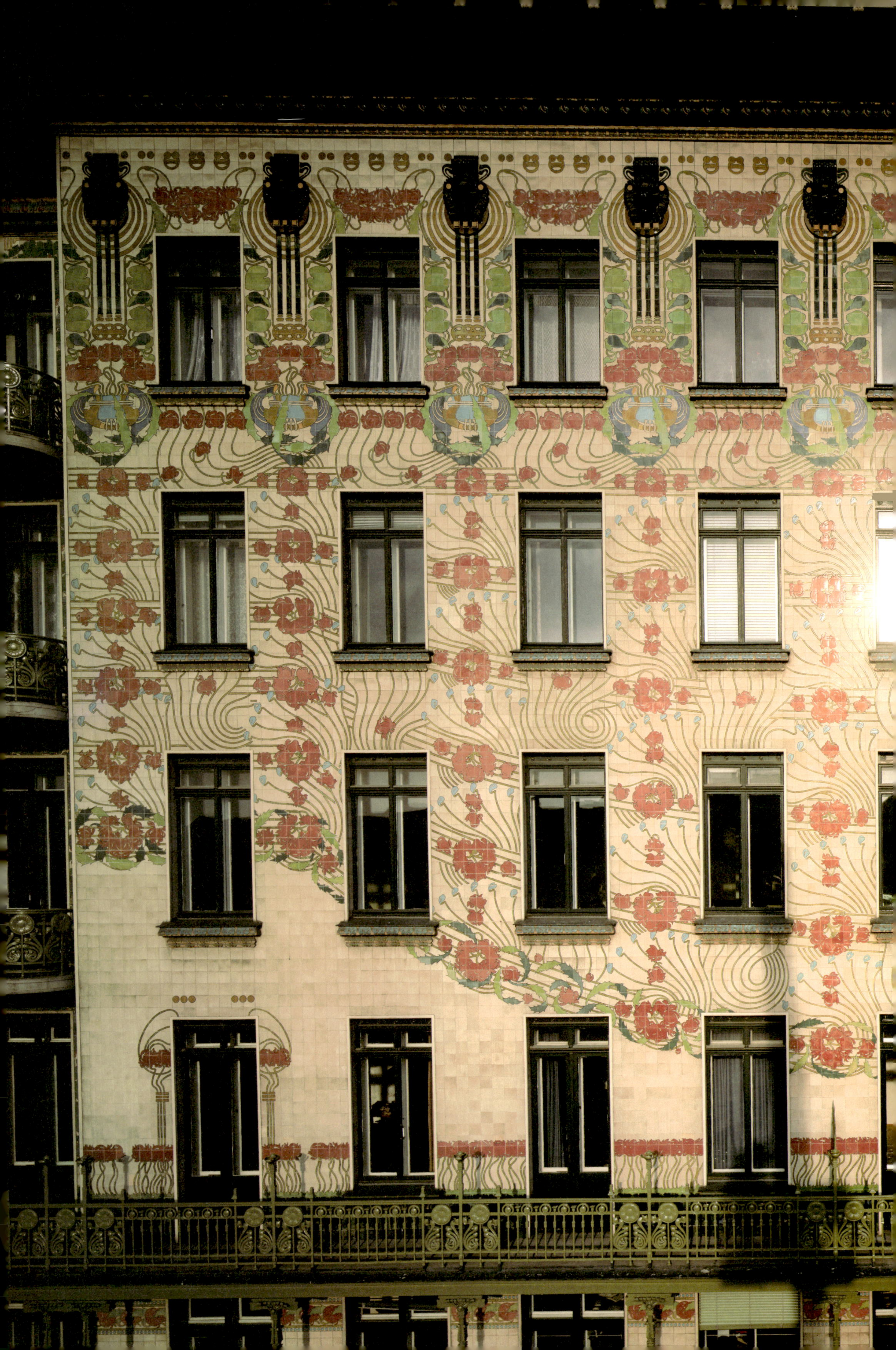

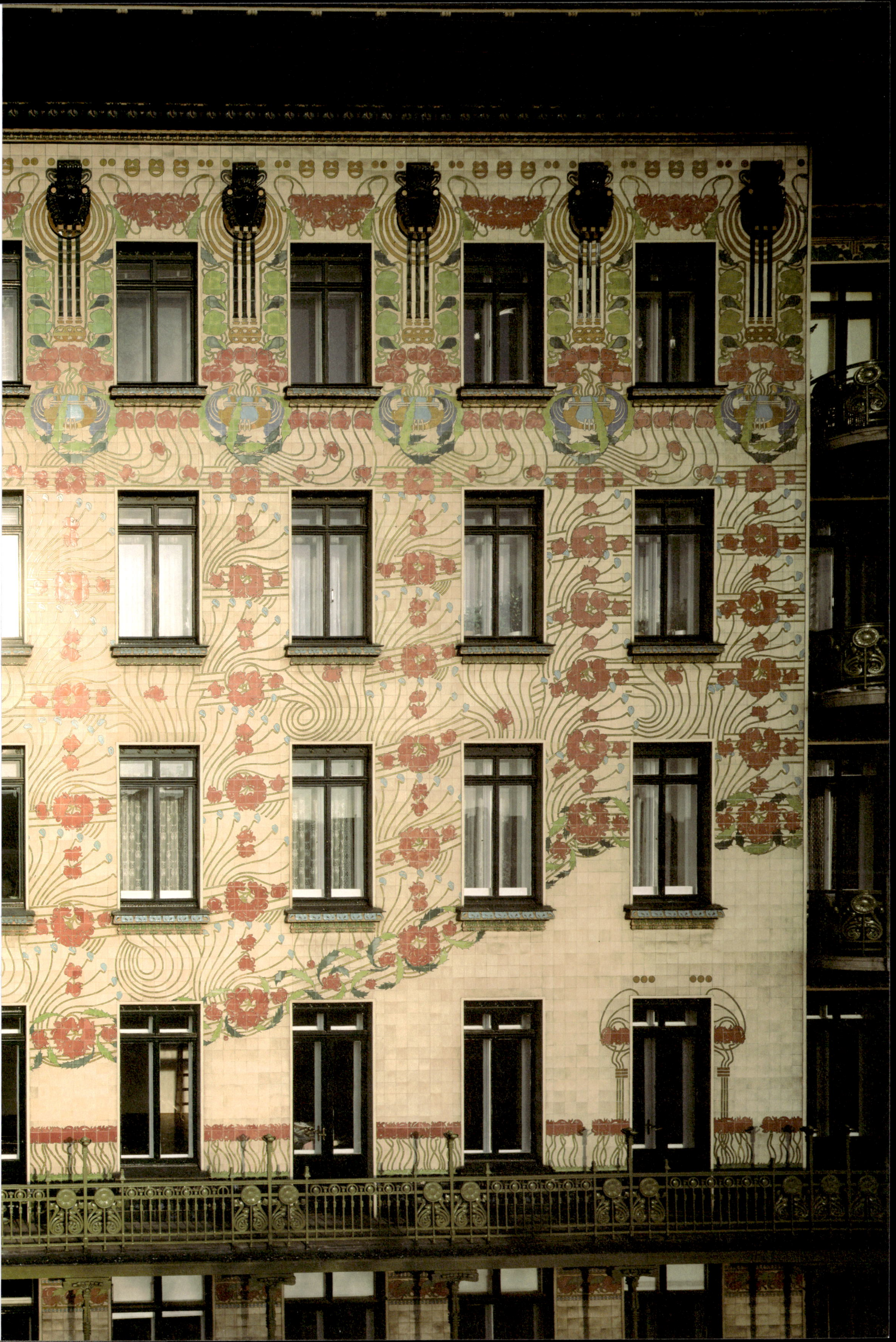

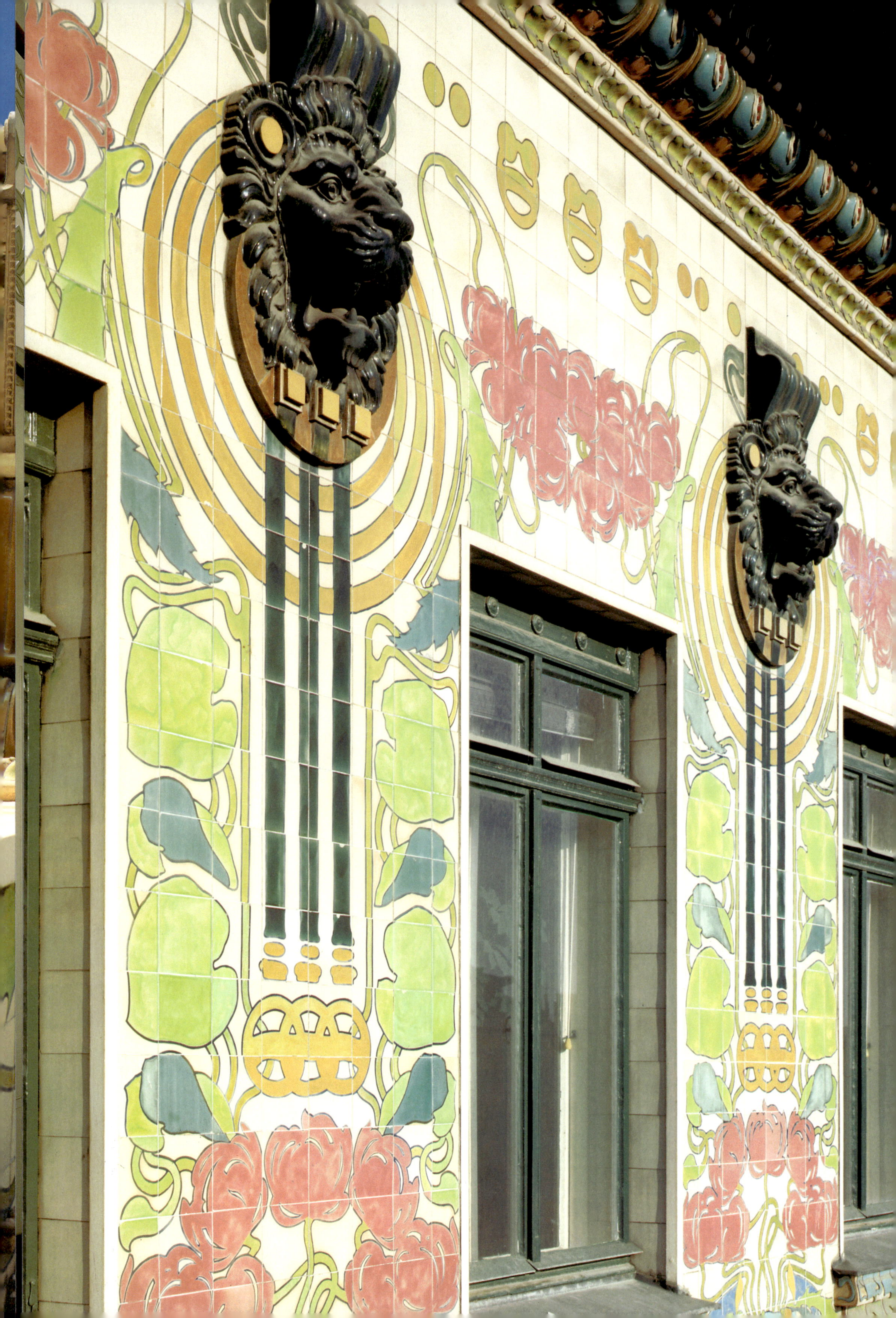

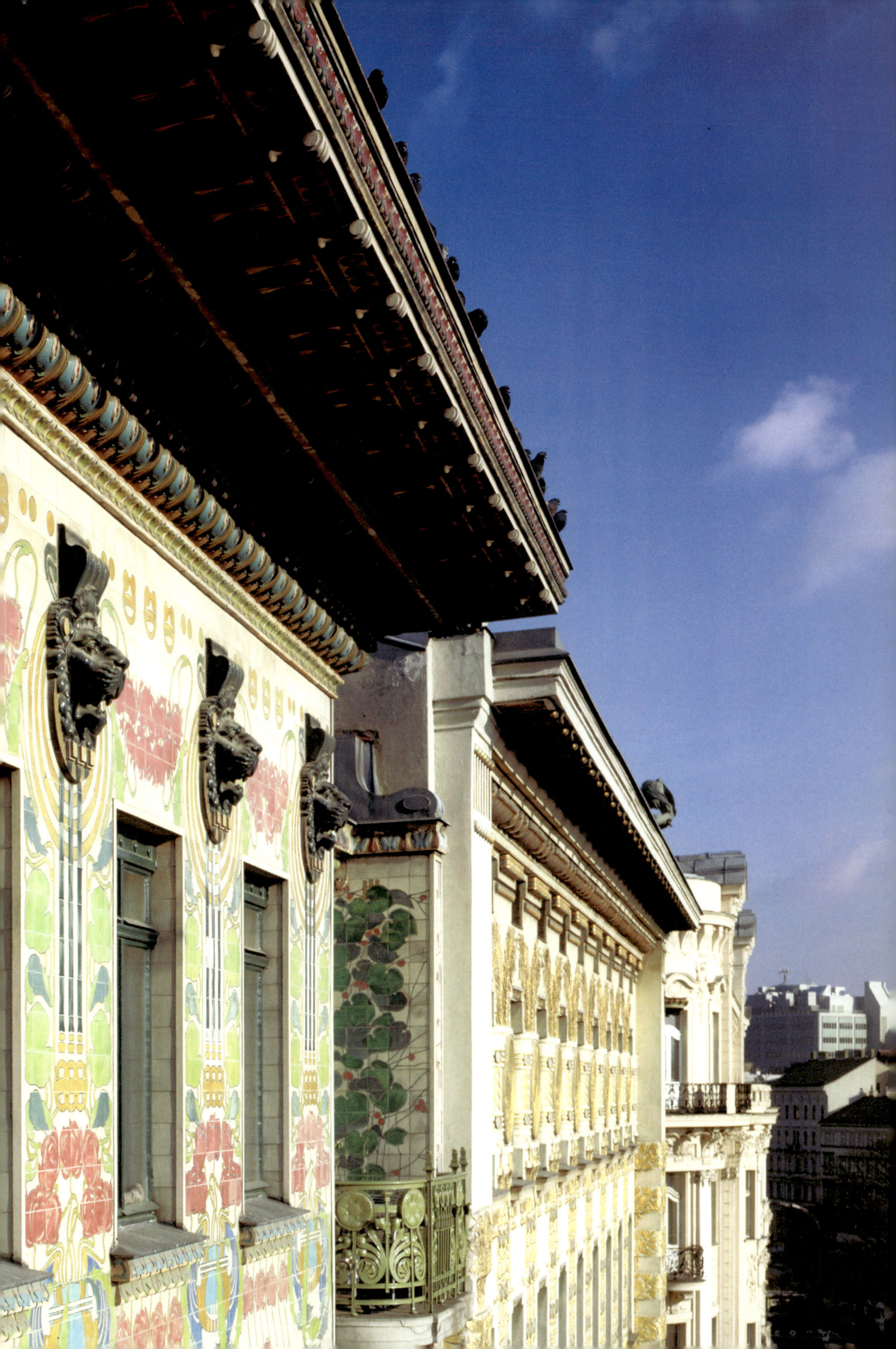

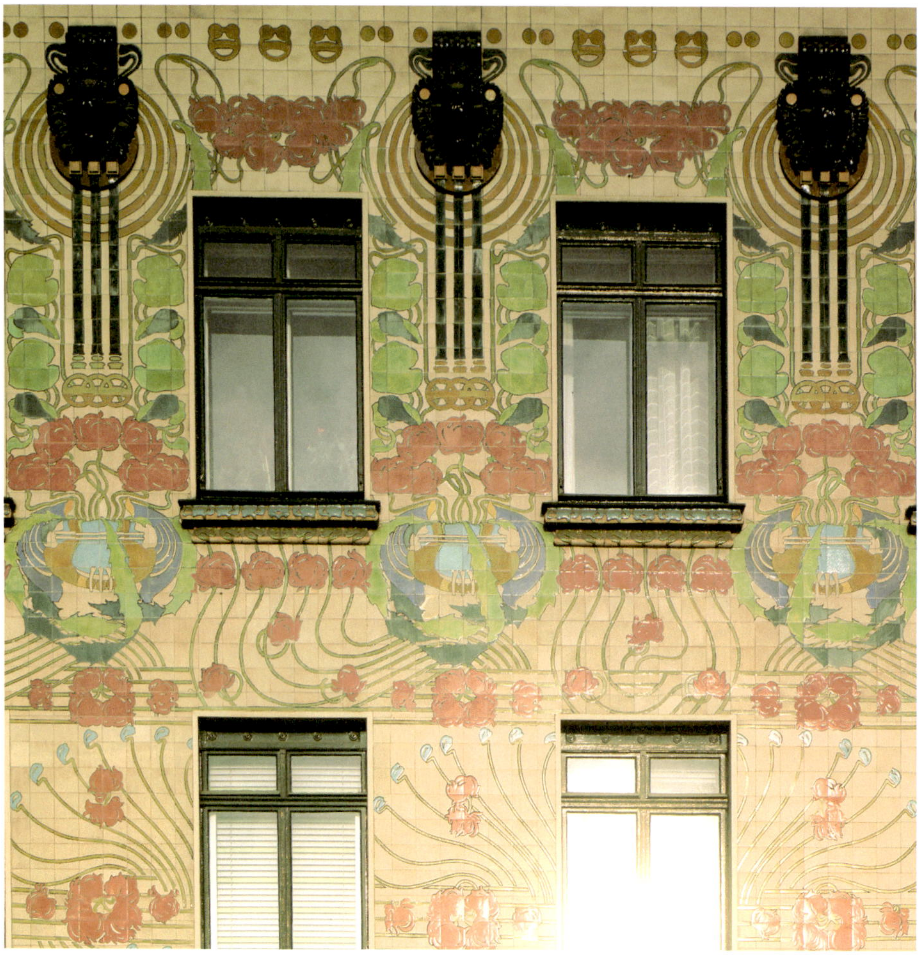

1900-1913 Chapter 3

1900-1913年

第3章
「近代建築」の永遠化を求めて

「近代建築」の永遠化を求めて

■――アート＋エンジニアリングの傑作

　1900年を過ぎても、理論は『近代建築』(60頁)の中でほぼ言い尽くされていると、彼は考えていたのであろう。というのも1898年、1902年と版を重ねる度に、彼はごく部分的だが削除したり言い回しを変えたりと、その内容を相当厳密にチェックしているのである。少なくとも大きく変更される1914年版までは、理論的に同一性を保っていたと考えてよい。

　1902年版の序文は1901年10月に書かれたが、そこで彼は「近代建築運動は、あらゆる反論・障害を乗り越え勝利を獲得した。この勝利は将来も続くだろう」(注9)と近代運動の勝利を宣言している。この時期は、アム・シュタインホーフ教会と郵便貯金局の設計が始まる直前だということに注意したい(前者は1902年に、後者は1903年に設計開始)。勝利宣言を出した今、新しい課題は「近代建築」の可能性を広げてゆくことだった。

■――「被覆」へ

　その試みの一つが、「近代建築」の永遠化であった。近代建築の芸術形態、芸術様式は見えてきた。だが、過去の名建築と同じように美しい姿を維持していくには、何をすべきか。この問いへの解答としてワーグナーが取り組むのが、近代の諸条件に合い、かつ永続性を具えた素材による「被覆」の創出である。彼にとって「被覆」は、決して姑息な技術的手段ではなく、むしろ「芸術形態」の理念を望ましい姿で現象させるという建築の本質にかかわるものだった。この点で彼は、19世紀建築芸術論の最も本質的な部分を受け継いでいたのである。

　もともと、ワーグナーがよく使う「芸術形態」は、19世紀半ばのベルリンでシンケル学派の建築理論家として名を馳せたカール・ベッティヒャー(1806-89)が「核形態(Kernform)」と「芸術形態(Kunstform)」の対概念で用いたものである。彼はこの対概念を用いて、ギリシア建築に見られる芸術形態(すなわち装飾)の象徴的現象を解明しようとした。ギリシア建築では全ての部分が構造的機能を有する核形態として構想され、その核形態は自らの目的・機能を象徴的に視覚化する芸術的被覆(芸術形態)を帯びると彼は主張した(注10)。

　ベッティヒャーのギリシア建築研究に現れていた二元論を統合して一つの建築論に高めたのが、ゴットフリート・ゼンパー「被覆論(Bekleidungstheorie)」である(注11)。彼の「被覆」の概念は、ベッティヒャーの「芸術形態と比較すると、はるかに建築実務に応用しやすいものだった。

　ワーグナーは、芸術形態を永遠に維持するには何をすべきかと考え始め、最終的な現象(芸術形態)を念頭に置きつつ被覆の材料と施工方法を再検討していった。その結果、彼は、かなりの厚みをもった石板を同じく恒久性のある金具で固定する被覆方法に到達したのである。たとえば、郵便貯金局では、2階までの外壁は花崗岩の、3階以上は白大理石のプレートで被覆し、しかもボルト留めの表現とした。最上階は黒色のガラスプレートを張る。金属部分はアルミニウムで、ボルトも外に出る頭部はアルミニウムになっている。ガラスも含めてどの被覆材も耐候性があり、入手と施工が容易であり、コストの抑制が可能と彼が考えたものである。アム・シュタインホーフ教会も白大理石のプレートで被覆されたが、ここでは金属被覆材として銅を選んでいる。窓枠の鉄ですら銅で被覆され、さらにドームの銅屋根は金箔で被覆された。

　ハーグの「平和宮」の設計競技案(1905)(158頁)や、あるアメリカ都市を想定した「栄光の館」案(1908)などにも、同じ被覆の理念が現れている。

　「近代建築」は「芸術形態」が生命であって、そこにこそ永遠性の理念、理念の永遠性が求められた。コンクリートや煉瓦の躯体が残っているだけでは意味がない。

ノイシュティフトガッセ　　ヴィラ・ワーグナーⅡ
40番地の集合住宅

永遠に伝えるべきは「芸術形態」だからだが、それには近代という時代に利用可能な素材や技術の裏付けも必要だった。

美の輝きの永遠性を考えるならば、多くの記念碑のように煤煙にまみれた醜悪な姿を晒すことを防ぐべきではないか。「文化」と呼ばれる記念碑計画案(1909)(157頁)ではガラスプレートで被覆して、水洗いなどで簡単に「洗浄」できることを彼は強調している。

実現した建築では、集合住宅ノイシュティフトガッセ40番地(1909-11)(134頁)が、王宮前のミヒャエル広場に竣工するアドルフ・ロース設計の、いわゆるロースハウス(1909-11)とともに、1910年頃のウィーン建築の特徴を知る上で重要である。素材のもつ色彩・肌理・質感を活かす以外は、ほとんど無装飾だが、軽やかで透明感のある洗練された内部空間は極致に到達している。縦長窓は1:2の比を守っている。縁取りする黒色の厚さ10ミリのガラスプレート、あるいは青色陶板が塗り壁に埋め込まれ、壁面の装飾的要素はこれだけである。ゆったりした内部空間の軽やかさ・透明性・洗練が極限に達した点では、郵便貯金局の中央窓口ホールの線上にあって、趣味豊かな富裕市民層の住まいが当時どのようなものであったかを知ることができる。ここにはワーグナー家の広い住居があり、デーブラーガッセに面する側には1階と中2階にウィーン工房の販売部門も入っていた(1912-32)。

そして、ワーグナーの「夏に使う非常にシンプルな別荘」である第2ヴィラ(1912-13)(136頁)もまた、同じ線上にある。彼は1911年に第1ヴィラ(22頁)を売却して、隣地にこの第2ヴィラを建設した。全体が立方体に近い幾何学形態であって、玄関上のステンドグラスやロジア内のモザイク画をコーロ・モーザーがデザインする以外は、窓、ガラスプレートの被覆、アルミの丸鋲が数少ない装飾要素に挙げられる。もともとワーグナーは、18歳の若い妻が自分の死後住むためにこの住宅を設計したのだが、1915年に先に逝ったのは最愛の妻のほうだった。彼は、この土地家屋を1916年9月に売却している。

──ワーグナーとロース

20世紀に入るとワーグナーは、「芸術形態」を維持して永遠に伝えるために「被覆」を真剣に考え始める。建築の表現あるいは現象を考えることは、彼にとって「被覆」を考えることに他ならなかった。ここで忘れてはならないのは、「芸術形態」はベッティヒャー、「被覆」はゼムパーの建築芸術論の中心概念だったことである。

「被覆」が施されるのは壁体の表層、すなわち壁面である。歴史主義の時代には、「被覆」を形づくるのはゴシック、ルネサンス、バロックなどの歴史様式から採用された形態で、それは全体としても部分としても「装飾」と呼ばれた。実際に建築家たちは、施主の注文に応じるために種々の「装飾」を正確に使いこなす技術力・表現力を身につけねばならず、この点でゼムパーの被覆論は強い影響力を発揮した。

ベルギーやフランスから入ってくるアール・ヌーヴォーに呼応して新しい様式、新しい装飾を生み出すために「ウィーン分離派」が創設されて諸芸術の力を結集する活動が活発に展開される最中の1898年に、「建築においても最も重要な役割を果たす原理、すべての建築家にとってａｂｃというべき原理」として「被覆原理」なるものが存在することを思い出させたのが、アドルフ・ロースである(注12)。

「装飾と罪悪」(1908)を発表して装飾批判で一躍有名になるロース自身、実際の設計では被覆に大理石を使って人気を博した。彼は、木のパネルによる被覆もインテリアに使っている。被覆が建築表現にいかに有効であるかを大理石・花崗岩などの板を壁体の表面に張って示したのはワーグナーだった。なんと言ってもワー

ウィーン郵便貯金局　　　アム・シュタインホーフ教会

グナーの功績は、歴史様式から装飾を選んで使う歴史主義を脱して、壁面を飾る新しい装飾体系、すなわち新しい様式を生み出したところにあるが、それも、彼が被覆原理の本質を捉えて実践に活かしたからだった。マジョリカハウス(76頁)、ウィーン郵便貯金局(92頁)、アム・シュタインホーフ教会(110頁)など、彼が次々に生み出した傑作は、どれも被覆原理を最大限に活かしたものだった。ただし、マジョリカハウスや市電カールスプラッツ駅舎(54頁)では、被覆を利用してバラやひまわりの文様を象徴的に描いたが(手法はゼンパーのいうポリクロミーそのものだった)、20世紀に入ってからは、白大理石・花崗岩・アルミ・銅・ガラスなどの被覆材の幾何学的配置でファサードを構成するようになった。つまり、被覆の層に動植物や人物などの具象的文様を描かなくなったのである。

それに対してロースは、同じ大理石でもカラフルで大理石特有の文様が浮き出たものを好み、さらに磨き上げ、光沢を出した。いくつもの被覆材を繊細に組み合わせるワーグナーと違って、ロースは大理石、木、鏡などの空間に及ぼす効果を尊重し、中心となる被覆材を前面に推し出した。ウィーンのアメリカン・バー(1908)、ロース・ハウス(1909-11)からプラハのミュラー邸(1928-30)まで、彼のデザイン手法は一貫している。空間に及ぼす効果を意識して文様のある艶やかな有色の大理石を用いる点で、ミース(1886-1969)のバルセロナ・パヴィリオン(1928-29)やトゥーゲントハート邸(1928-30)は、ロースの切り開いたデザイン手法の延長上に立つものである。ただし、ミースは大理石を柱ではなく壁として使った。

ロースが装飾批判をしつつ実際の設計では装飾を使い、同じく被覆を批判しつつ被覆を用いたのは、矛盾していると思われるかもしれない。だがロースにとっても、被覆は建築に必要であり、人が見て触れるところだからその感覚的・心理的効果に留意するのも当然だった。彼は、被覆素材の持ち味を最大限に活かすべきだとも考えた。問題は、恣意的にデザインされた装飾が施され、しかも人を欺くために被覆が施されるところにあった。これは、理念・モチーフに立ち返り、種々の条件を十分に考慮して、結果として得られる現象をさらに吟味せよ、というゼンパーの教え(すなわち被覆原理)にも反するものだった。この点ではワーグナーにも、ゼンパーの主張した被覆原理に違反するところは全くなかった。

ワーグナーとロースによって、20世紀の「近代建築」の中核にゼンパーの被覆原理が批判的に継承され、組み込まれていったのである。

——注

(9) Harry Francis Mallgrave; Otto Wagner, Modern Architecture, Santa Monica 1988, p.56. 前掲(1), p.6参照。

(10) Karl Bötticher; Die Tektonik der Hellenen, Potsdam 1844-52 参照。

(11) Gottfried Semper; Der Stil in den technischen und tektonischen Künsten oder Praktische Aesthetik. Ein Handbuch für Techniker, Künstler und Kunstfreunde, Frankfurt 1860, pp.217-231. ゼンパーは、大著『様式』第1巻のこの箇所で、「建築芸術における被覆原理(Das Prinzip der Bekleidung in der Baukunst)」と題して、建築芸術の様式表現の鍵を握る被覆原理について詳述している。

(12) Adolf Loos; Sämtliche Schriften 1., Wien-München 1962, pp.104-112. 同書収録のエッセイ「建築材料」と「被覆原理」(ともに1898)参照。

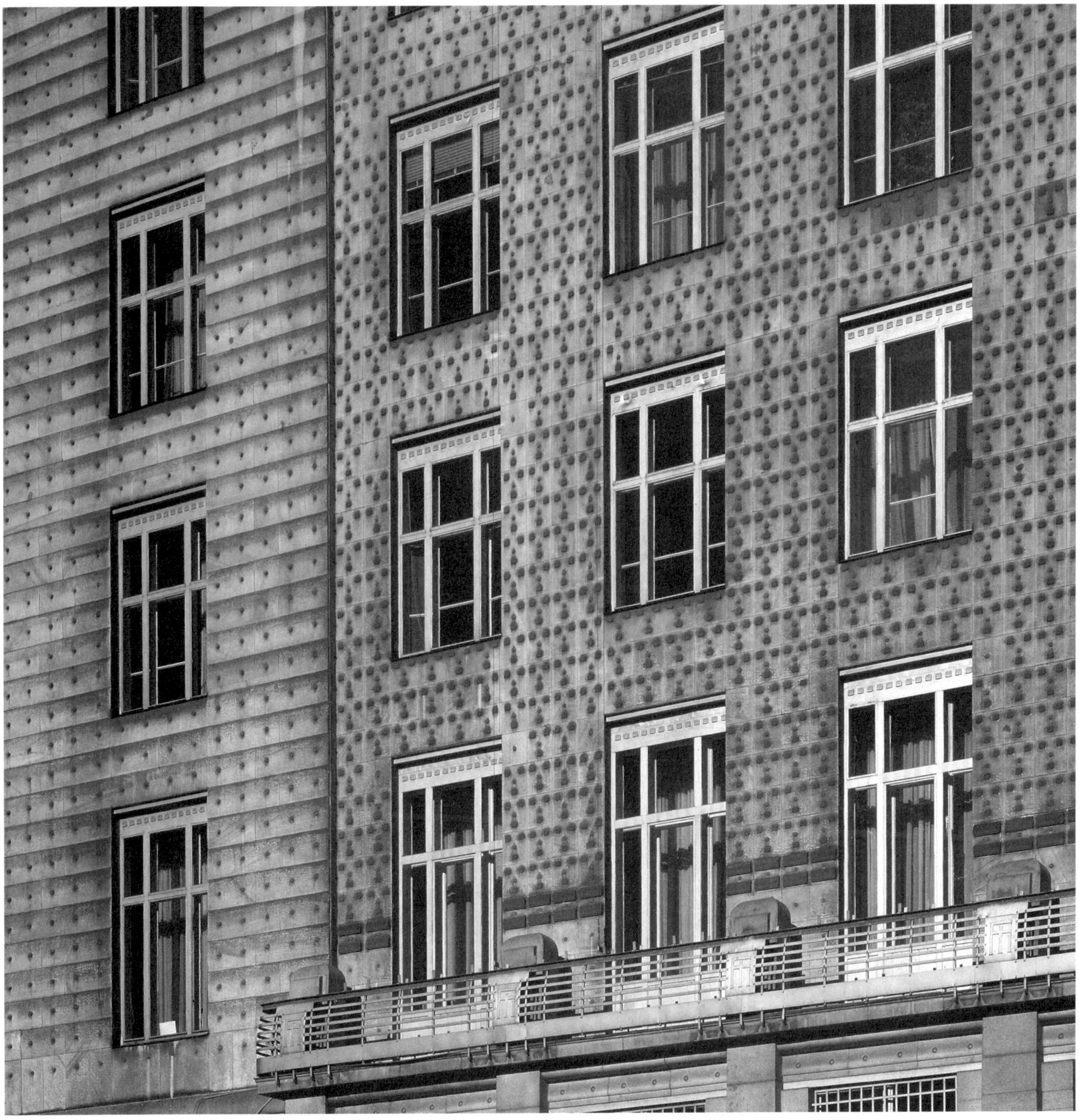

Wiener Postsparkasse
ウィーン郵便貯金局
Imperial and Royal Postal Savings Bank

年代：1904-1906/1910-1912

Vienna I, Georg-Coch-Platz 2
所在地：ウィーン1区, ゲオルク＝コッホ＝プラッツ 2

ワーグナーはこの建築で、建築から歴史主義様式を駆逐して、素材の直接的表現とか機械的でもある幾何学的造形などによって、近代建築の新様式を確立した。ただし、ここにいう素材とは構造体ではなくその被覆材の素材のことである。たとえば、ファサードでは被覆として1、2階に花崗岩、3階以上には白大理石を張り、これらの被覆材をボルトで留めて、そのボルトの頭をさらに念入りにアルミニウムで仕上げている。いわゆる「装飾を排しながらも、被覆の異なる素材がもつ色や質感、あるいはボルトの配列などで、「装飾」に代わる視覚的・装飾的効果を打ち出しているのである。同じくアルミニウムで仕上げられた玄関キャノピーの支柱、屋上の守護天使像なども繊細で美しい。

内部の中央窓口ホールはこの建物の中庭に位置し、ガラス屋根とガラス天井によって二重に覆われ、静謐で、明るくて透明感のある空間となっている。ホール内部の温風吹き出し口も、下にいくほど細くなる支柱の被覆も、全てがアルミニウム製であって、艶やかな光沢を放って物質感を弱め、軽やかな印象を生み出している。ホールの床はガラスブロックで仕上げられて、下階まで自然光が透過していく。

内部で見られる家具の多くは、この建築のために設計されたもので、空間全体とよく調和している。

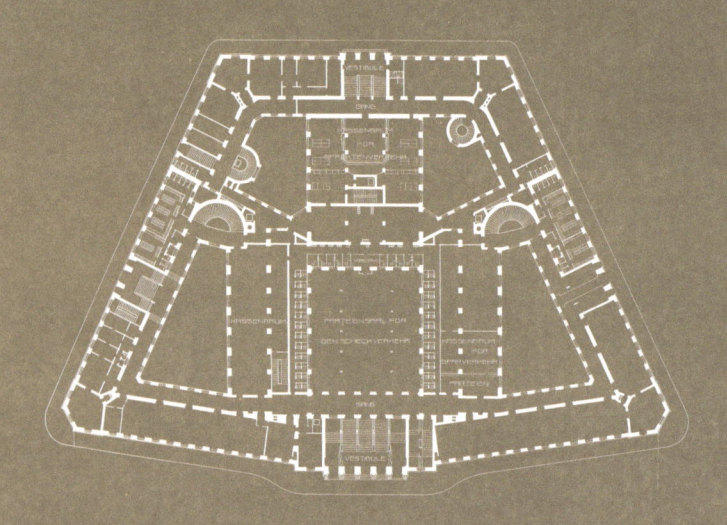

上 側面から見たファサード
Above: View of the façade from the side
右 設計競技案, 1903年
Right: Competition proposal (1903)

WETTBEWERB·FVR·DEN·BAV
DES·K·K·POSTSPARKASSEN=
AMTES·FAÇADENDETAIL 1/50
V·OBERBAVRAT
OTTO·WAGNER
K·K·POSTSPA
K·K·POSTSPARKASSENAMT

上 オトマール・シムコヴィッツによるアルミニウム製の守護天使像
Above: Sculpture by Othmar Schimkowitz of guardian angel in cast aluminum
右 設計競技案 (1903年), 中央部の正面上部の立面・平面・断面詳細図
Right: Competition proposal (1903): Elevation, plan, and section detail drawing of the upper front portion of the central area
次頁 リンクシュトラーセに面したファサード
Next page: Façade facing the Ringstrasse

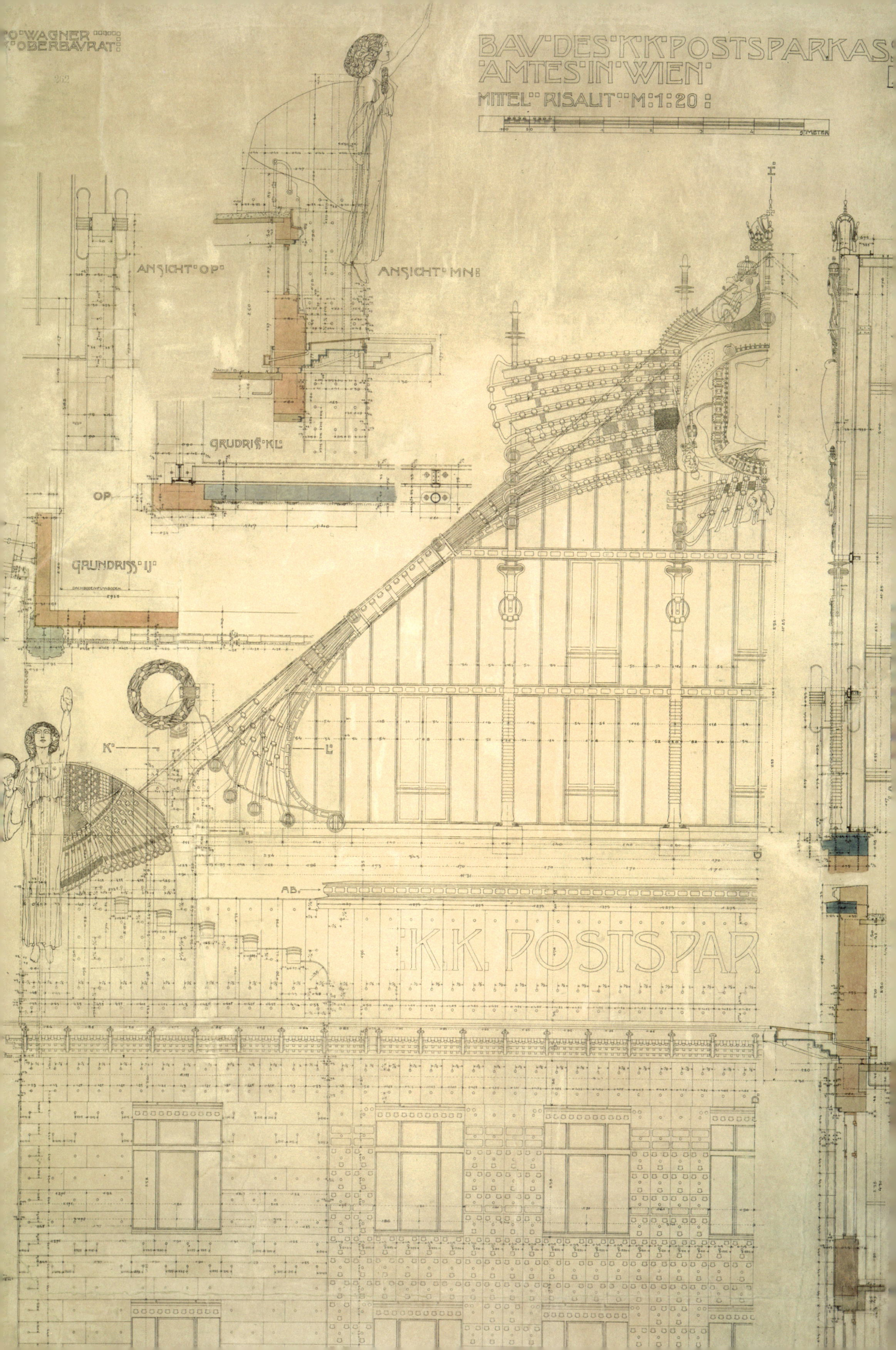

BAU DES K.K. POSTSPARKASSE AMTES IN WIEN

MITTEL RISALIT M: 1:20

O. WAGNER
OBERBAURAT

ANSICHT OP
ANSICHT MN

GRUNDRISS KL
OP
GRUNDRISS IJ

K.K. POSTSPAR

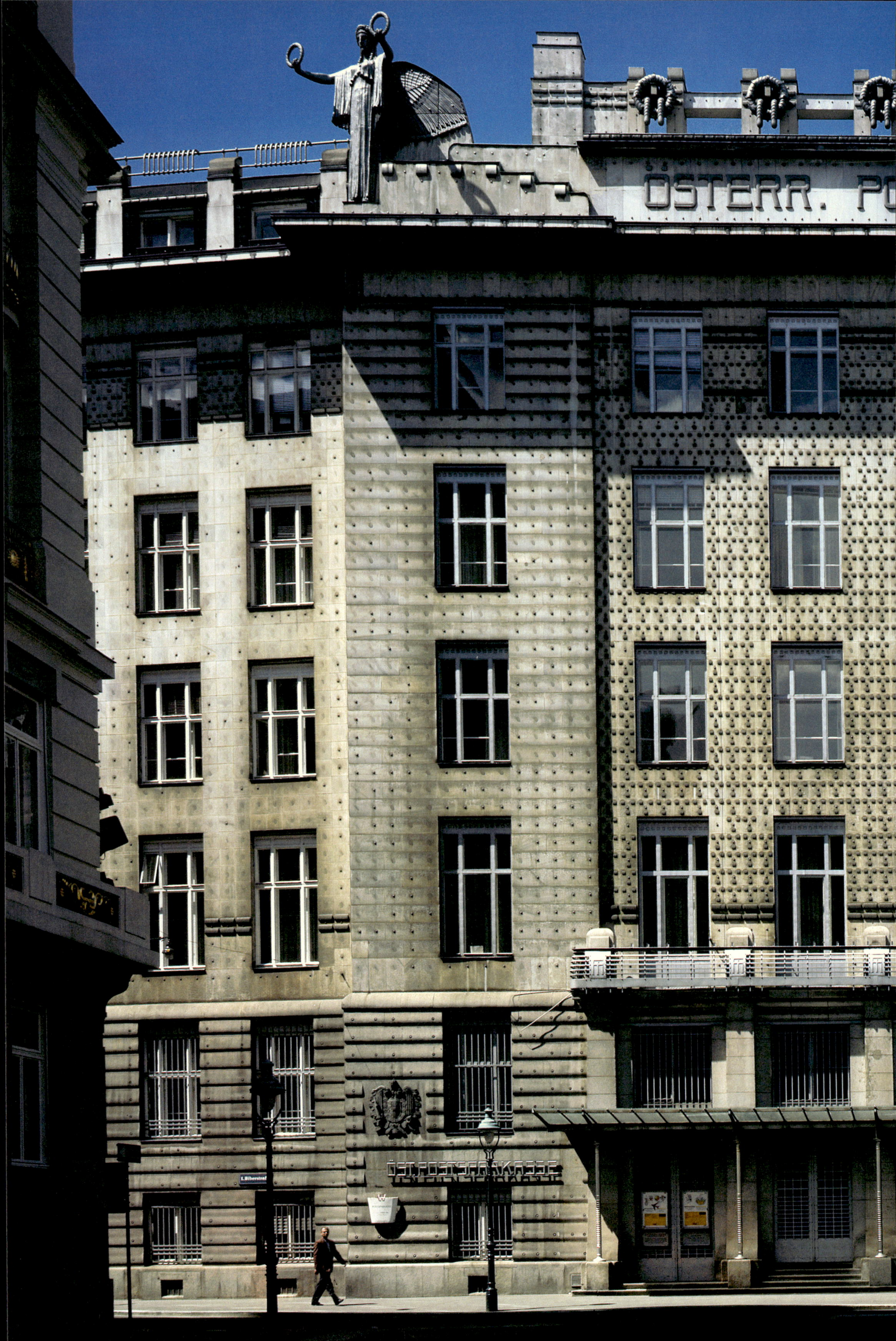
ÖSTERR. PO
ÖST. POSTSPARKASSE

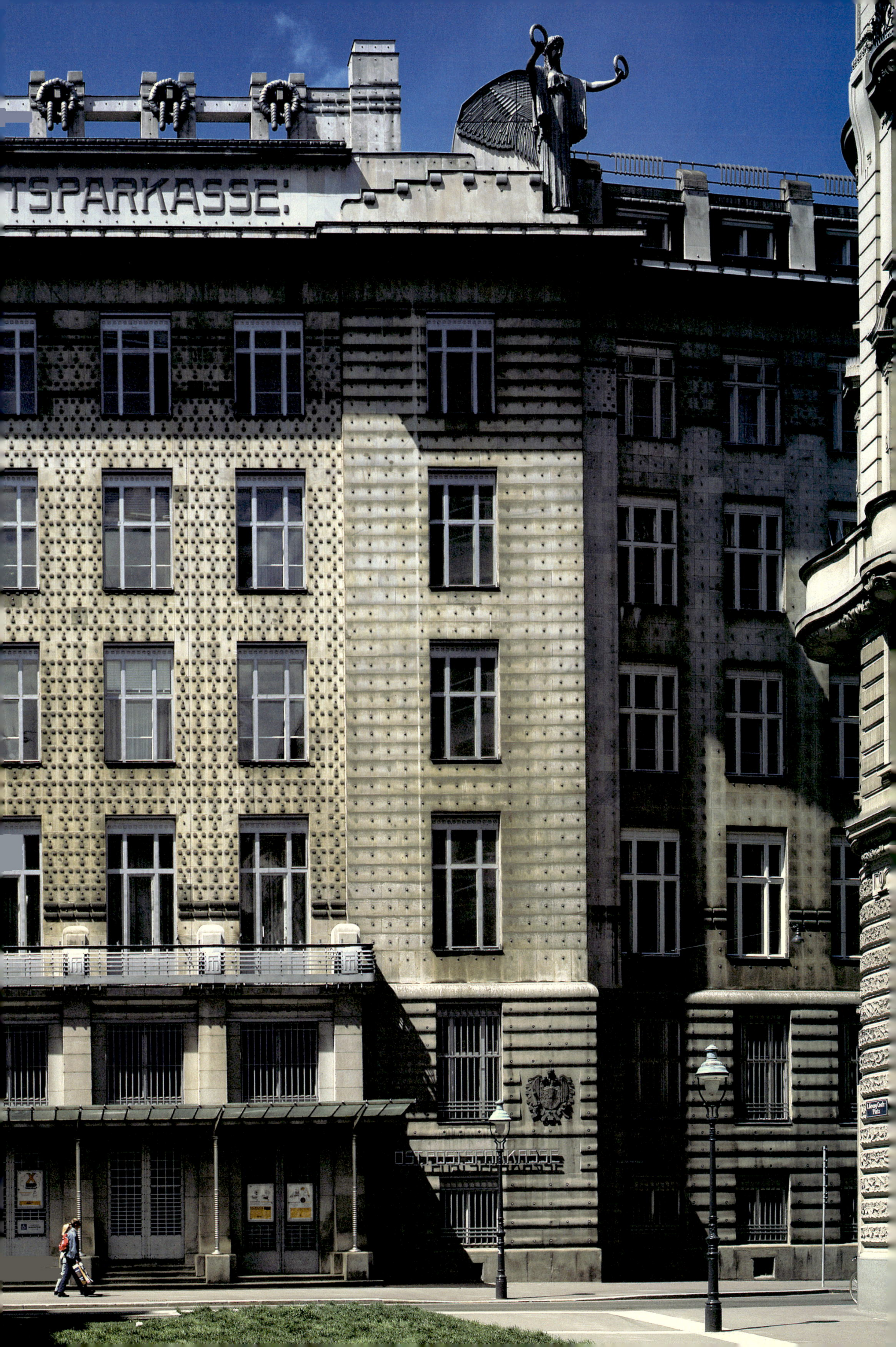
TSPARKASSE:

上 アルミニウムの守護天使像
Above: Sculpture of a guardian angel in cast aluminum

下 エントランス・キャノピー
Below: Entrance canopy

右 エントランス・キャノピーとアルミニウム製円柱
Right: Entrance canopy and aluminum columns

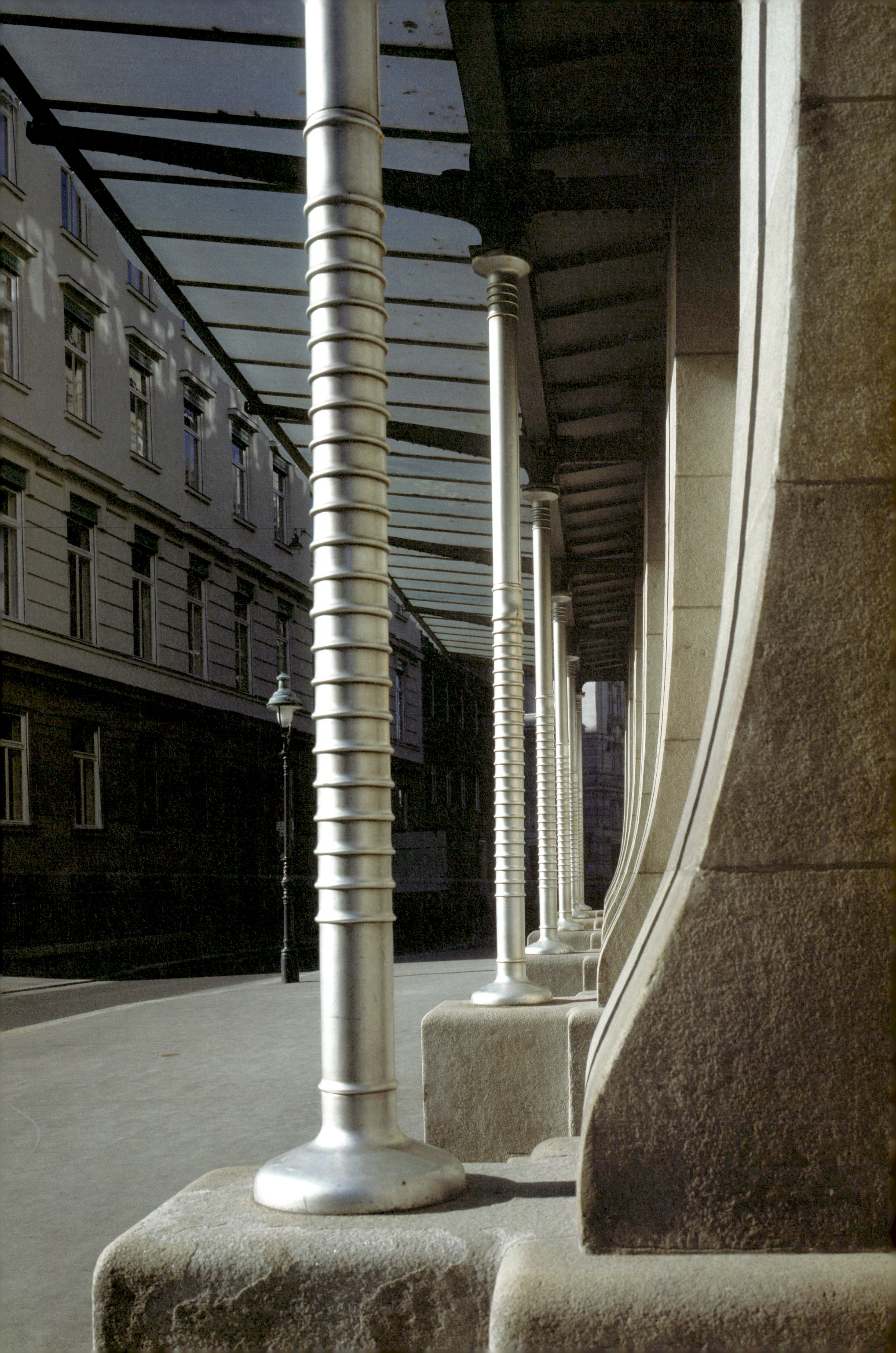

右 エントランスホールの階段
Right: Grand staircase in the entrance hall
下 アネックスの螺旋階段を見下ろす
Below: Looking down through the spiral staircase in the annex
次頁 中央窓口ホールをエントランスに向かって見る
Next page: View of the central hall looking toward the entrance

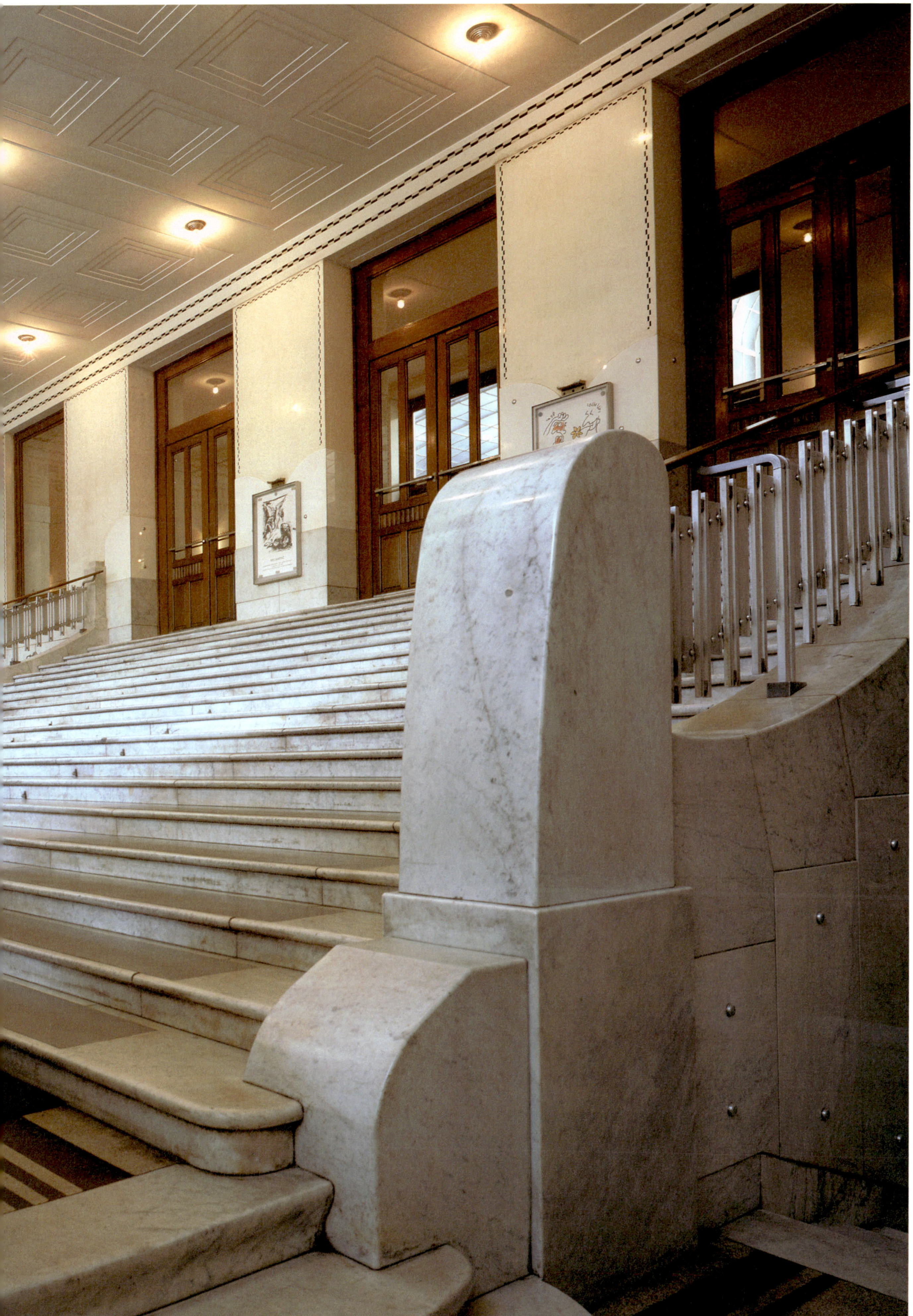

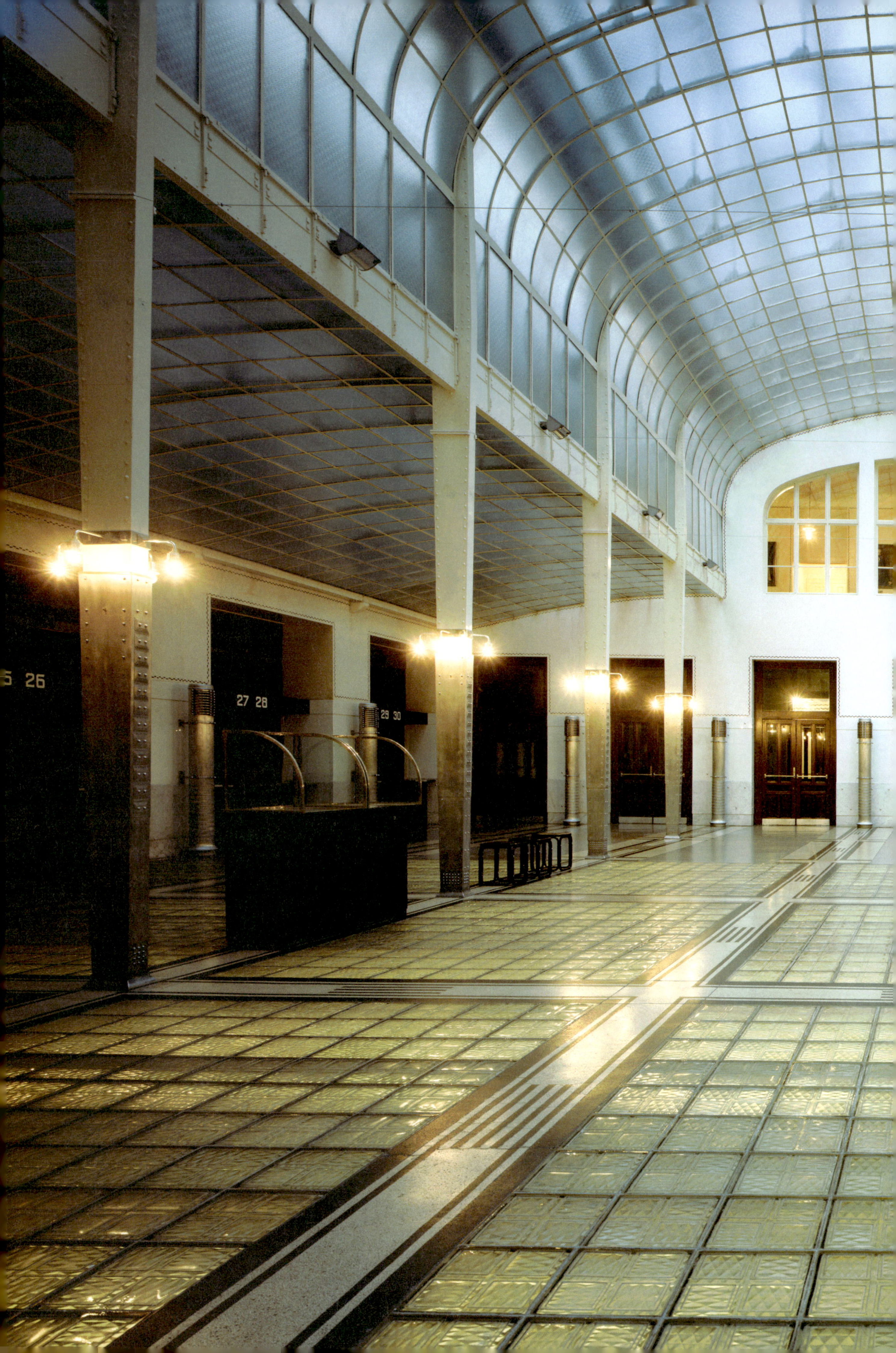
5 26
27 28
29 30

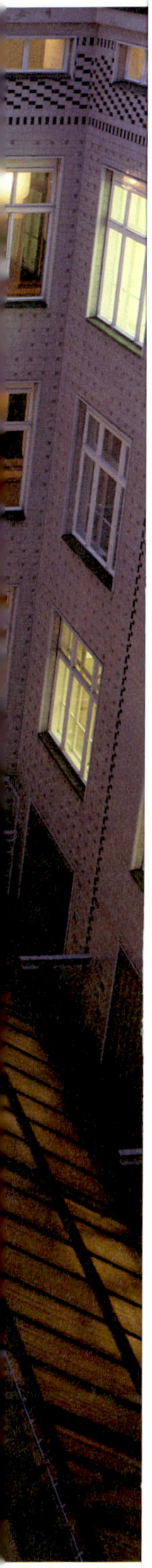

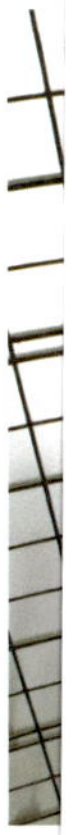

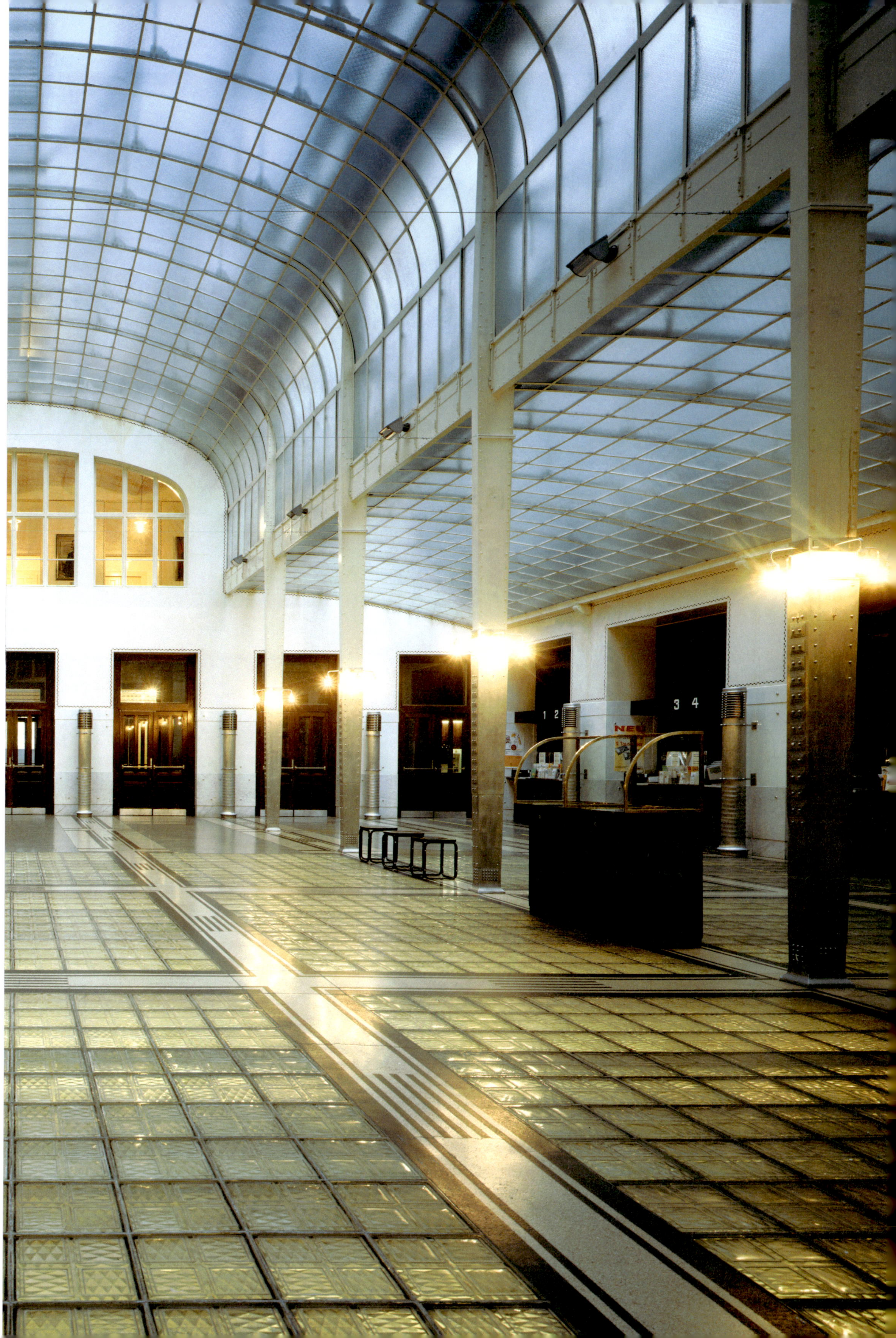
1 2
3 4
NEU

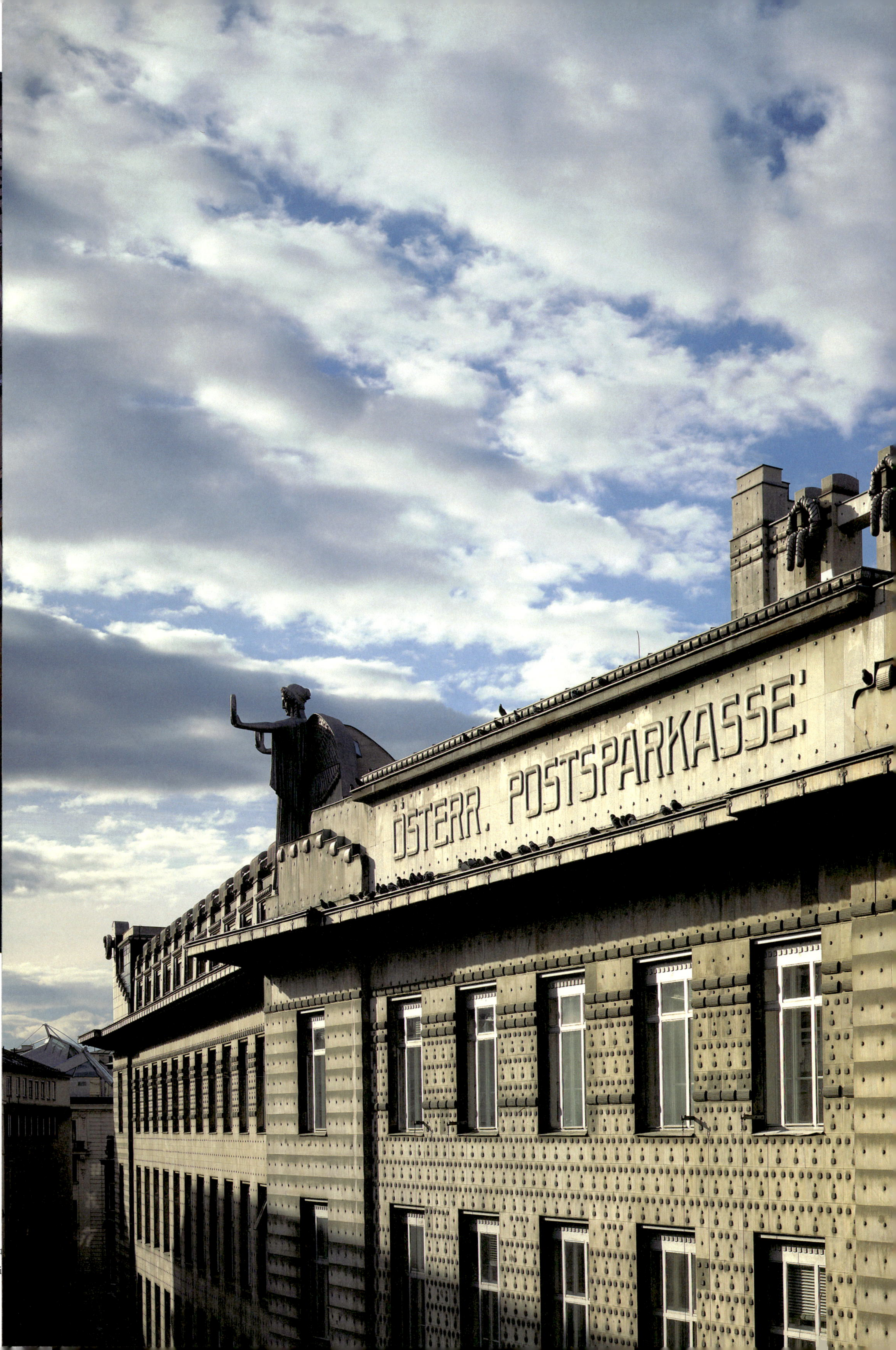

中
Vi

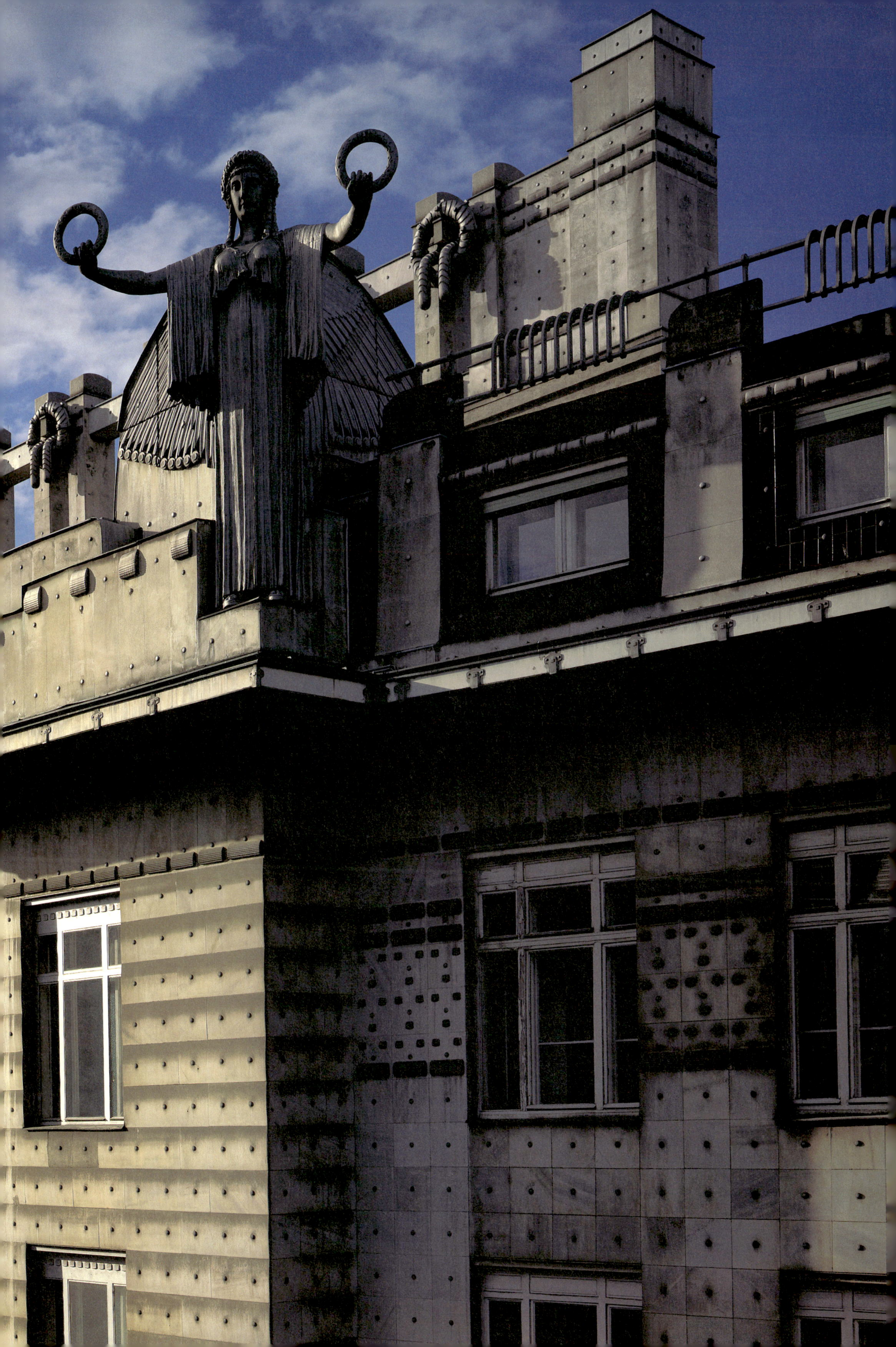

Kirche am Steinhof (St. Leopold)
アム・シュタインホーフ教会 (聖レオポルト)
Church at Steinhof (St. Leopold)

年代：1905-1907

Vienna XIV, Baumgartner Höhe 1
所在地：ウィーン14区，バウムガルトナーヘーエ1番地

この聖レオポルト教会は、アム・シュタインホーフの精神病院の付属施設である。教会と精神病院施設はワーグナーの全体配置計画に基づき同時に建設された。教会の収容人員は800人と比較的少ない。軽度の精神病患者のために建てられたものだが、患者たちは両側面から男女に分かれて教会に入り、正面玄関は特別の祝祭時にのみ開けられる。教会内部には支柱がなく視界が広がり、左右のステンドグラスの窓を透過して自然光が差し込んでくる。だが、内陣の採光は側面の窓からだけで、自然光は抑え気味になっている。主祭壇の壁画は陶器、大理石、琺瑯（ほうろう）、ガラスなどを用いた独特なモザイクである。正面玄関から内陣に向かって床には、気づかないほど緩やかな勾配がつけられている。天井は屋根と天井の二重ドームになっており、適度な天井高と音響効果がすばらしい。組積造の外壁は2cm厚の大理石で被覆され、さらに同じ大理石の細板で押さえられて、その上から頭部が銅製のボルトで固定されている。外部の金属は全て銅であり、鉄製の窓枠も銅で被覆されている。さらに、ドームを覆う銅プレートには金箔が施された。

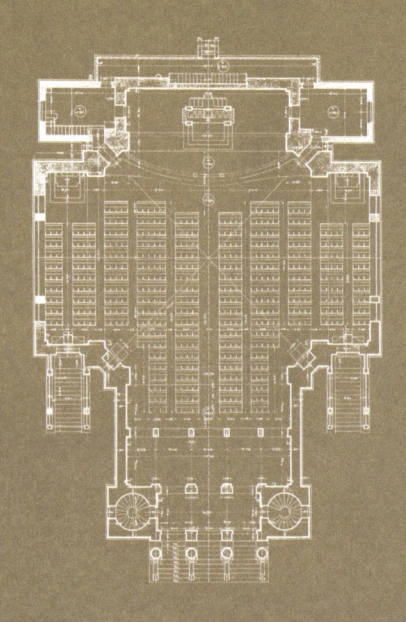

設計競技案, 1902年
Competition proposal
(1902)

設計競技案
Competition proposal

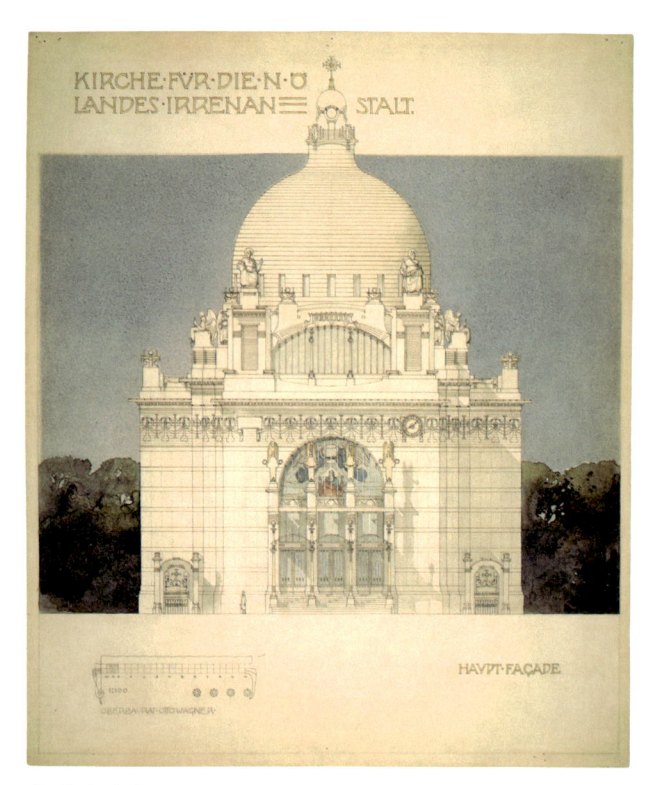

立面図 正面
Elevation of the main façade

横断面図
Cross section

立面図 側面
Lateral elevation

縦断面図
Longitudinal section

実施案 ※地下教会は実現せず
Working plan　The proposed lower church was not realized.

立面図 正面
Elevation of the main façade

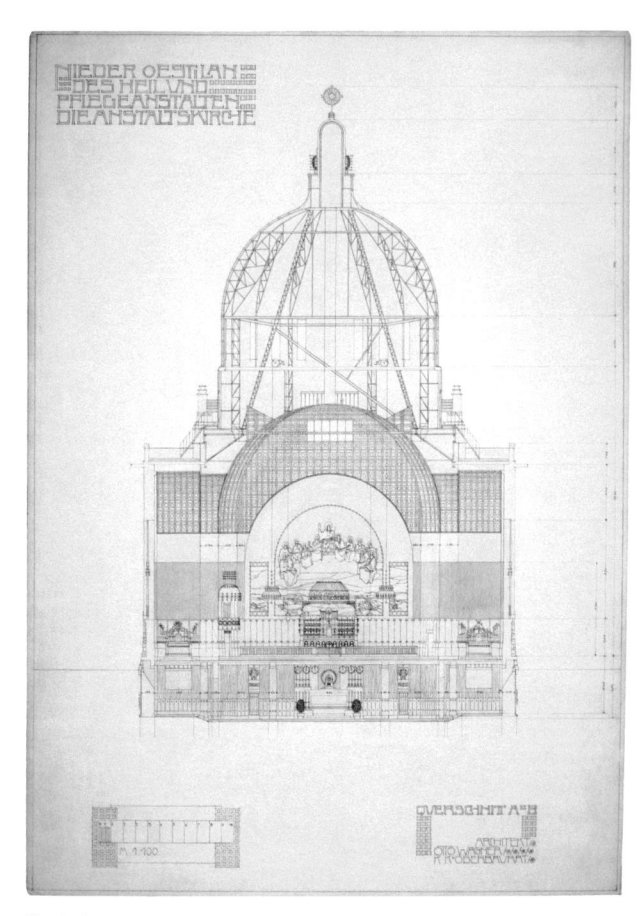

横断面図
Cross section

立面図 側面
Lateral elevation

縦断面図
Longitudinal section

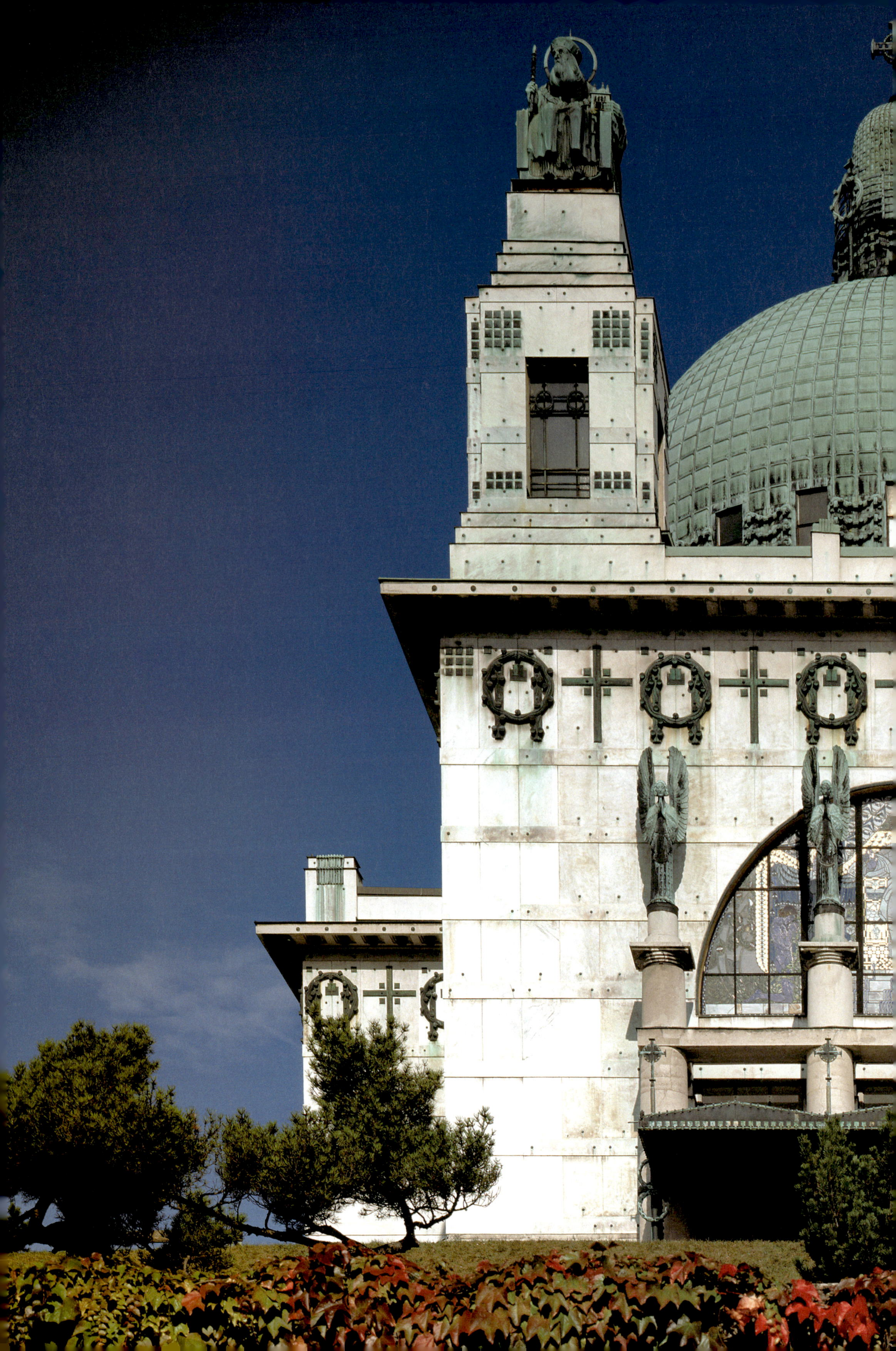

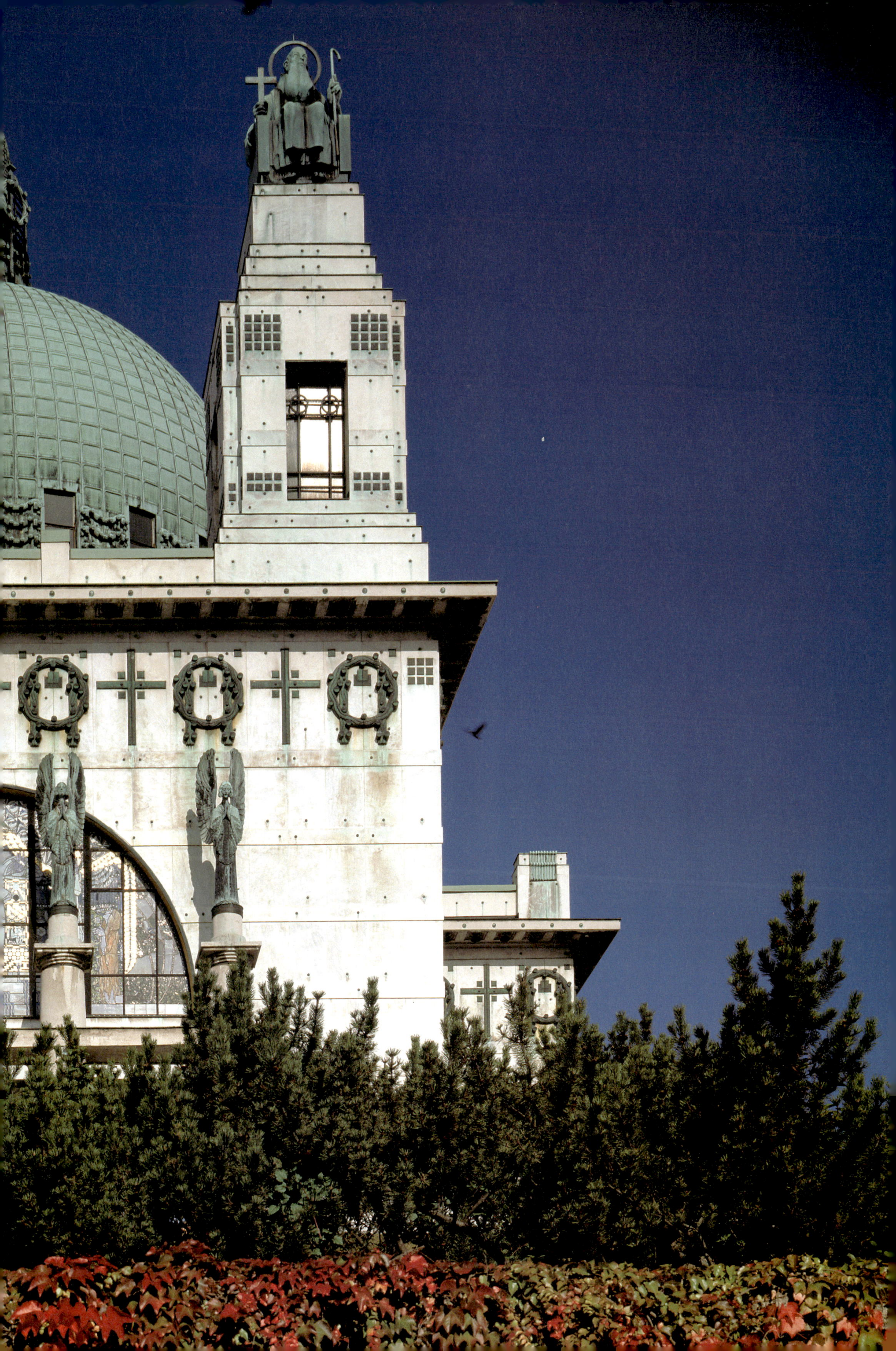

前頁 教会全景 丘の途中のテラスからの見上げ
Previous page: View of the church from the terrace on the hill
上 西側から見る
Above: View from the west
右 ファサード
Right: Façade

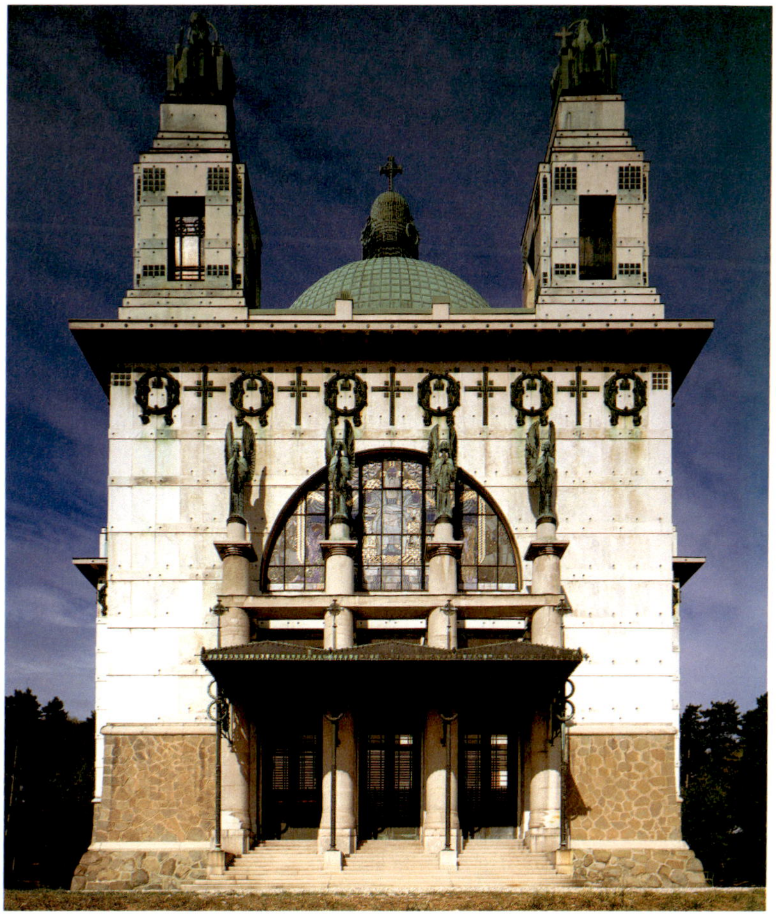

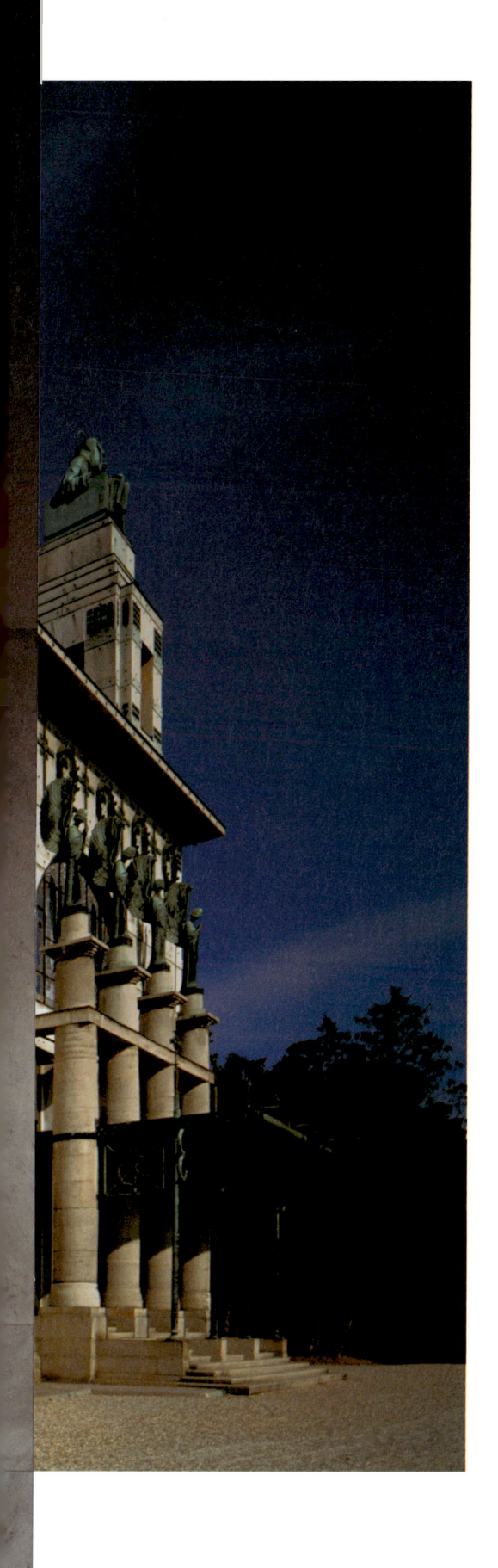

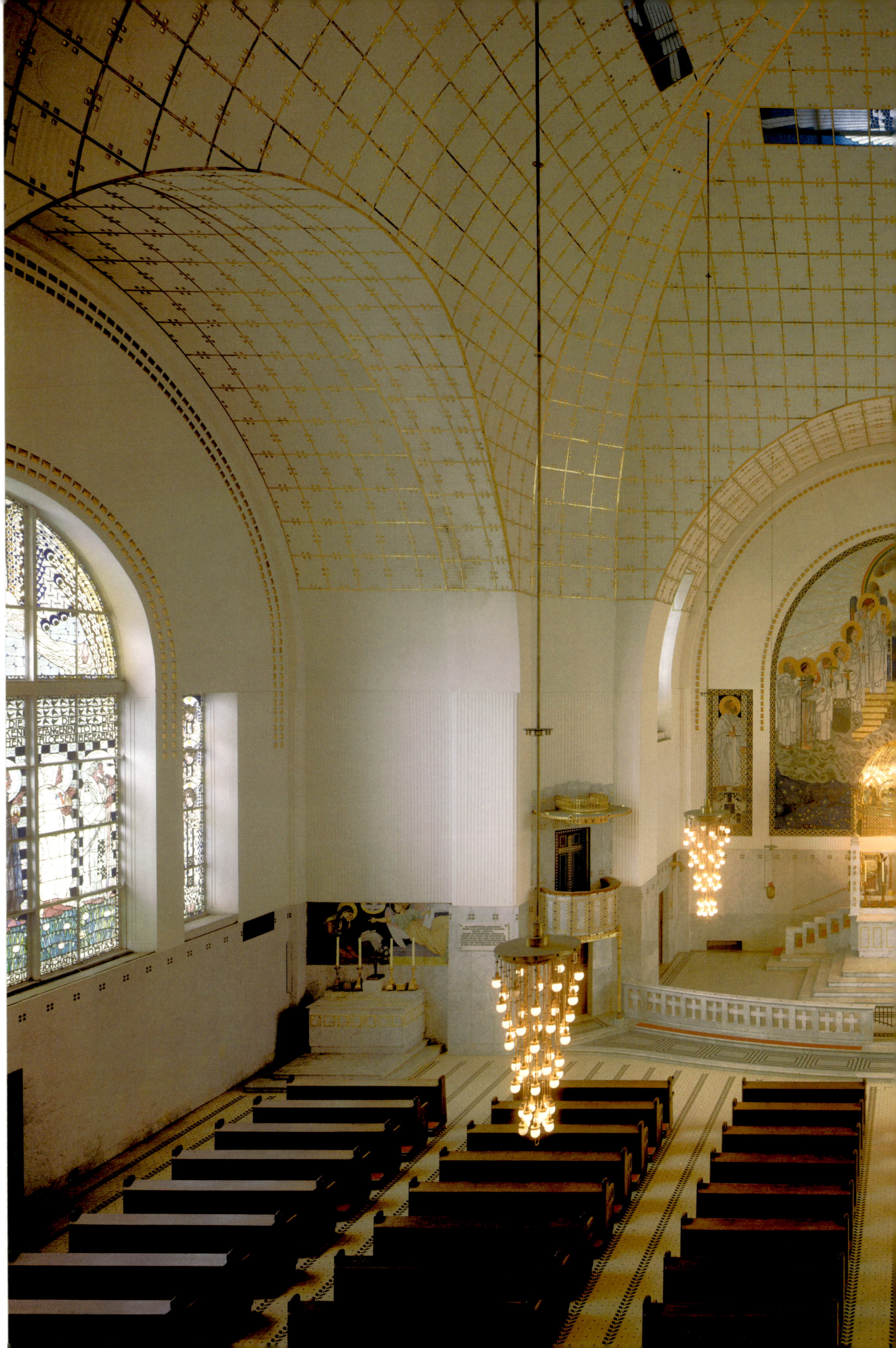

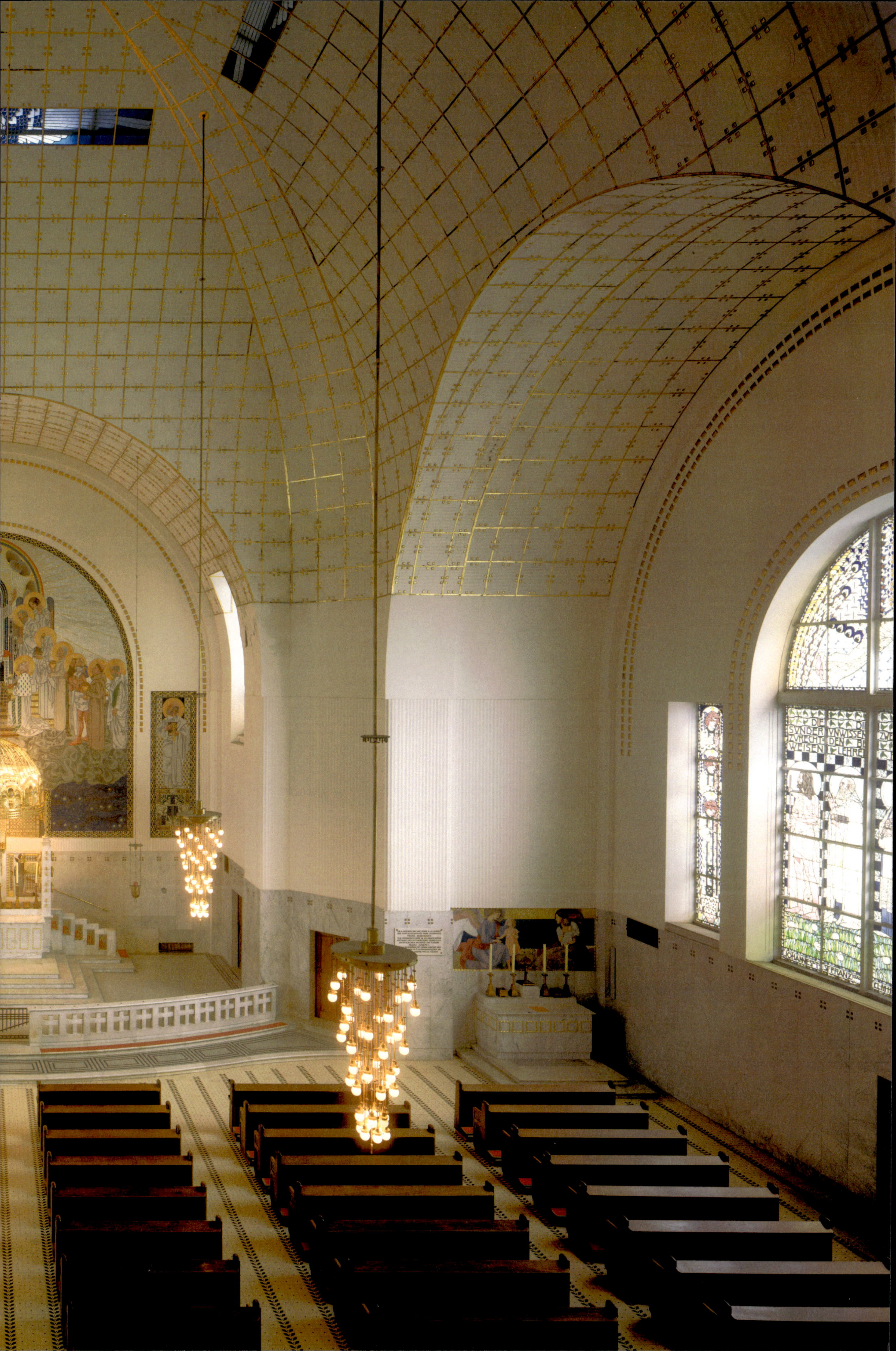

左上 主祭壇および天蓋の立面図（正面）
Top left: Elevation of the main altar and baldachin
左下 主祭壇および天蓋, 立面図（側面）と平面図
Bottom left: Lateral elevation and floor plan of the main altar and baldachin

上 主祭壇の天蓋, 詳細
Above: Detail of the baldachin for the main altar
右 主祭壇を見る
Right: View of the main altar

主祭壇の聖櫃と天蓋
View of the tabernacle and baldachin

オトマール・シムコヴィッツによる主祭壇の天使
Angel at the main altar by Othmar Schimkowitz

説教壇を見上げる
Looking up toward the pulpit

説教壇の立面図, 平面図, 断面図, および天蓋
Elevation, floor, and section plans of the pulpit and baldachin

天井を見上げる
Looking up at the ceiling

左 聖堂西側のコーロ・モーザーによるステンドグラス
Left: Stained glass by Kolo Moser on the west side of the church
右 聖堂東側のコーロ・モーザーによるステンドグラス
Right: Stained glass by Kolo Moser on the east side of the church
次頁 教会を含む精神病院全体の航空写真
Next page: Aerial view of the psychiatric hospital including the church

129

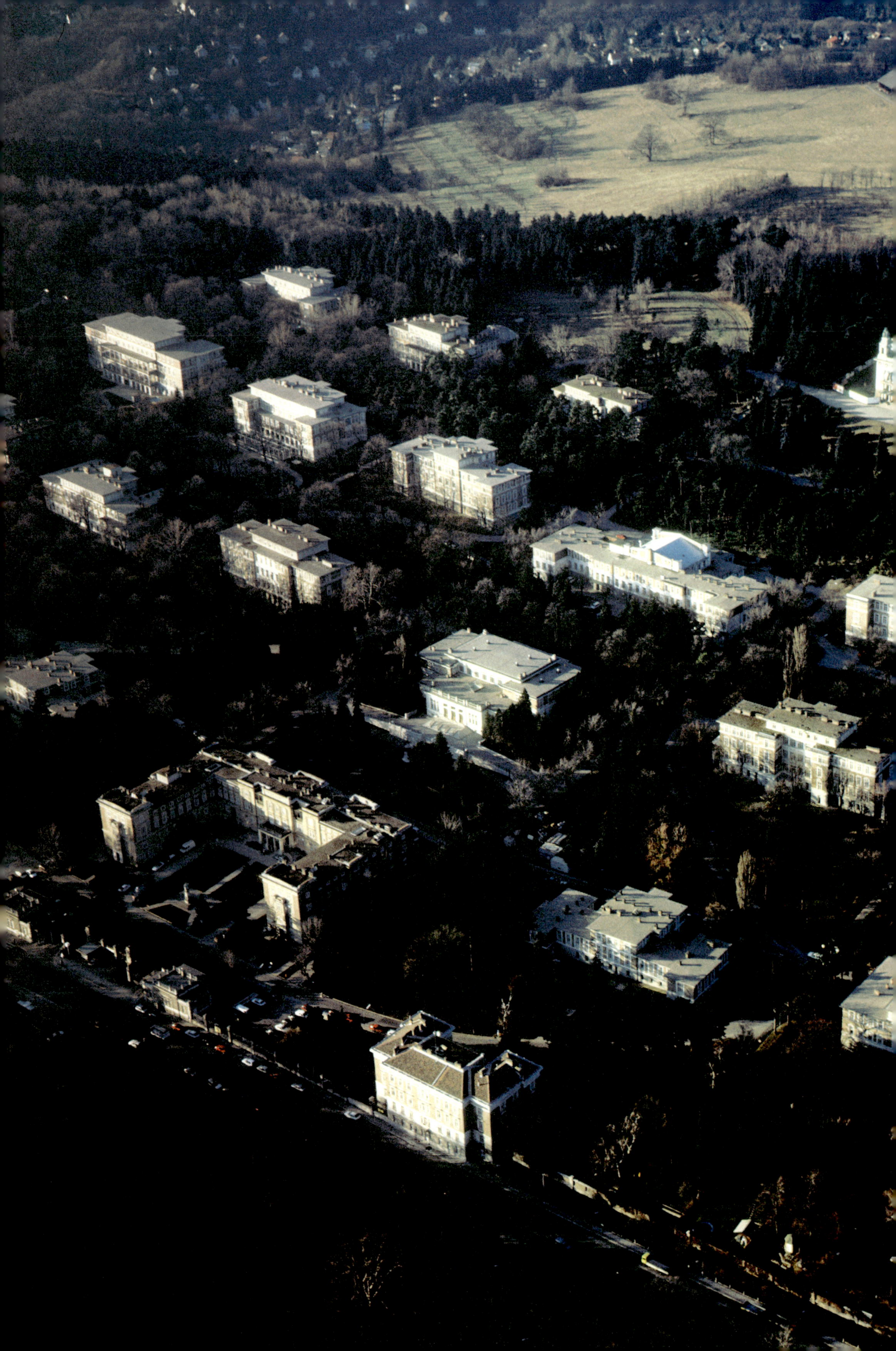

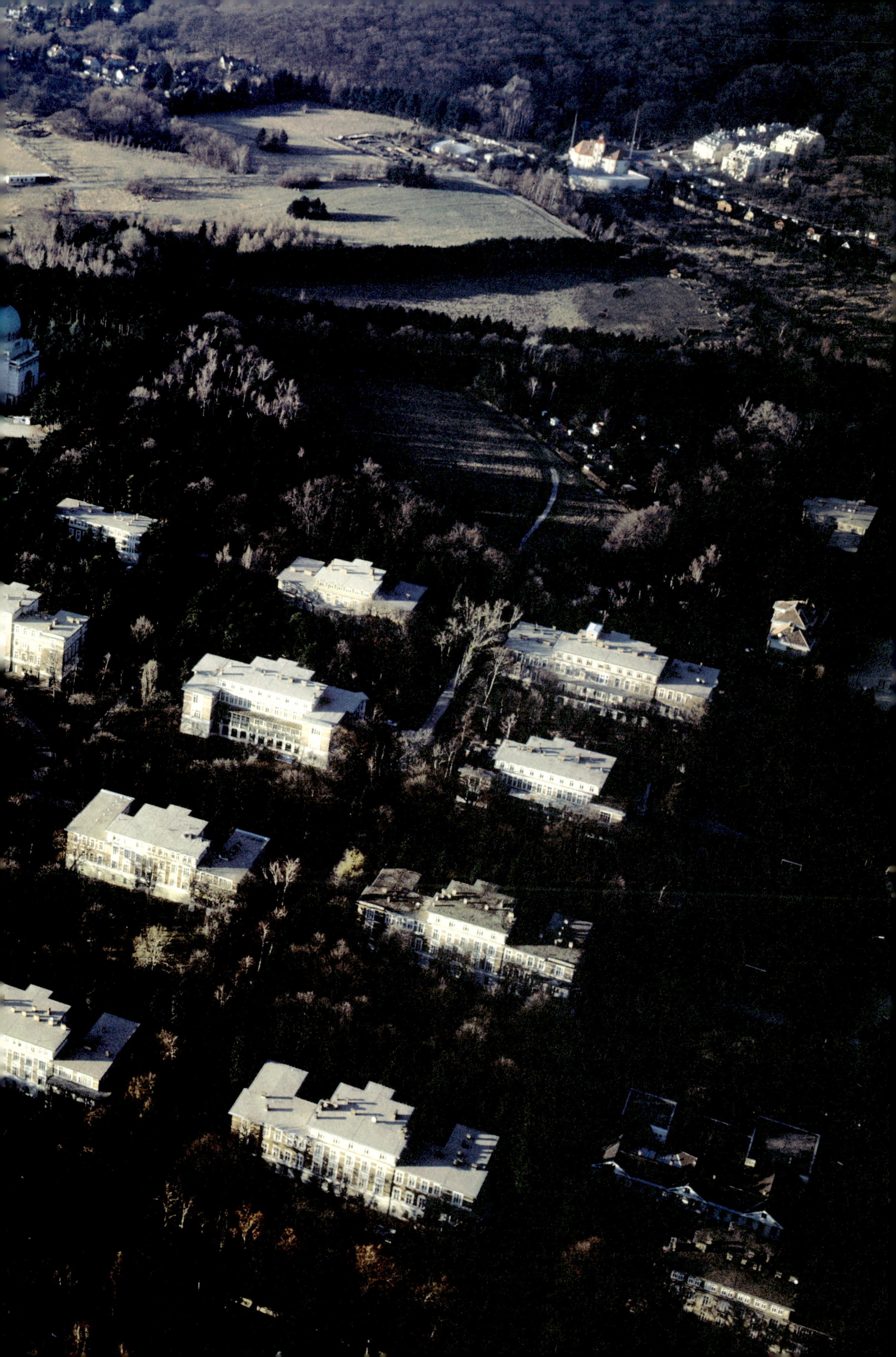

Schützenhaus der Staustufe "Kaiserbad"

カイザーバート水門監視所

Kaiserbad Sluice House

年代：1906-1907

Vienna II, Obere Donaustrasse 26
所在地：ウィーン2区, オーベレ・ドナウシュトラーセ 26

ワーグナーが手がけた、もう一つのドナウ運河の水門監視所。水門とその上を走行するクレーンは解体されたが、監視所自体は1977年に修復された。小さな土木施設だが、左右対称のデザインに加え、花崗岩・白大理石・彩色タイルで美しく被覆されて、水面の向こうに建つ小神殿のように見える。

上 全景
　Above: Panoramic view of the Kaiserbad sluice house
下 水門の断面と監視所のドナウ運河側の立面
　Below: Section plan of the sluice gate and elevation of the sluice house on the Danube Canal-facing side

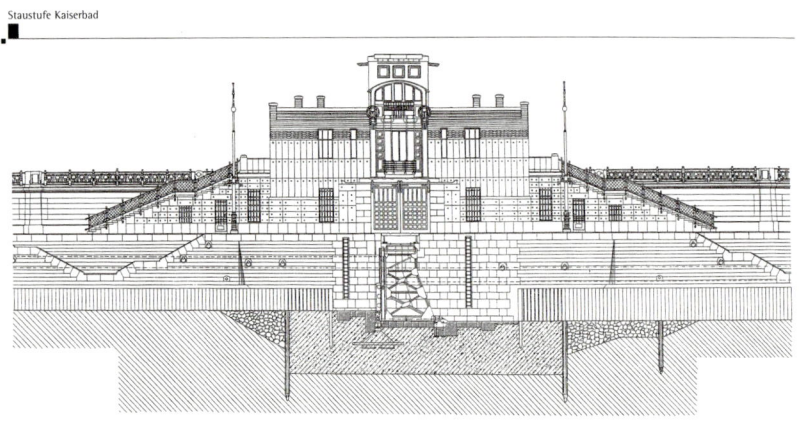

Staustufe Kaiserbad

上 クレーン操作室を見上げる
Above: Looking up at the crane operating room
下 4本の白い波線のあるコバルトブルーの
　タイル被覆
Below: Cobalt blue tiles with four wavy white lines

133

Miethaus, Neustiftgasse 40
ノイシュティフトガッセ40番地の集合住宅
Apartment Building "Neustiftgasse 40"

年代：1909-1911

Vienna VII, Neustiftgasse 40
所在地：ウィーン7区, ノイシュティフトガッセ40番地

デーブラーガッセとの街角に建つ。ファサードの構成要素は、白い壁面に埋め込まれた10mm厚の黒色ガラスプレート（ノイシュティフトガッセ）と青色陶板（デーブラーガッセ）の他には、縦横の比が2:1の窓のみ。内部も素材を活かして、無装飾だが透明感のある洗練された空間になっている。

左 透視図
Left: Perspective drawing

下 ノイシュティフトガッセとデプラーガッセの角
Below: View of the apartment building on Neustiftgasse at the corner of Doblergasse

玄関扉
Entrance doors

階段
Staircase

135

Villa Wagner II
ヴィラ・ワーグナー II
Villa Wagner II

年代：1912-1913

Vienna XIV, Hüttelbergstrasse 28
所在地：ウィーン14区, ヒュッテルベルクシュトラーセ28番地

立方体に近く、滑らかな壁面を飾るのは青いガラスプレートとアルミニウムの丸いボルトの頭、そしてリズミカルに並ぶ縦長の窓のみである。極限まで要素を限定するモダニズムの特徴が出ている。玄関扉上のステンドグラスやロッジアのモザイク画はコーロ・モーザーのデザインによる。内部が外観から予想される以上に明るく開放的なデザインになっているのは、ワーグナー建築の生涯変わらなかった特徴だが、特にウィーン郵便貯金局以降に強まり、ノイシュティフトガッセの集合住宅にも鮮明に現れていた傾向である。内部空間の明るさや開放感は、「夏の別荘」に使い、18歳若い妻の生活の場にすることを、ワーグナーが考えていたこととも関係があろう。

アール・ヌーヴォーやウィーン分離派はインテリア全体を統一的にデザインするのを好み、ワーグナーもまた、家具をインテリアに合わせて自らデザインしてきた。だが、この住宅の玄関ホールには、トーネット社の曲げ木の家具(彼の弟子で協働者となったマルツェル・カメラーのデザイン)が置かれている。

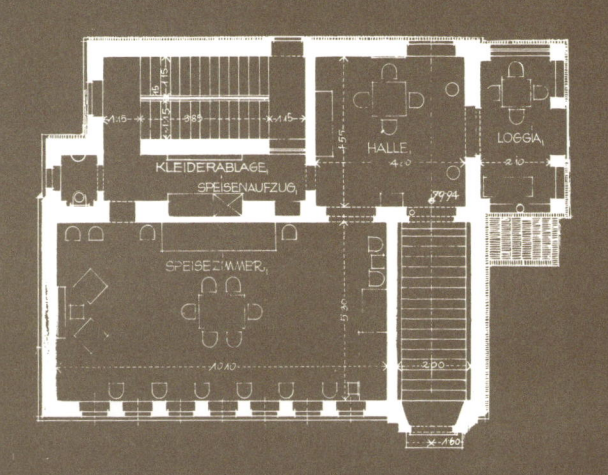

透視図および配置図
Perspective drawing and site plan

次頁 全景
Next page: View of the villa

VILLA WAGNER

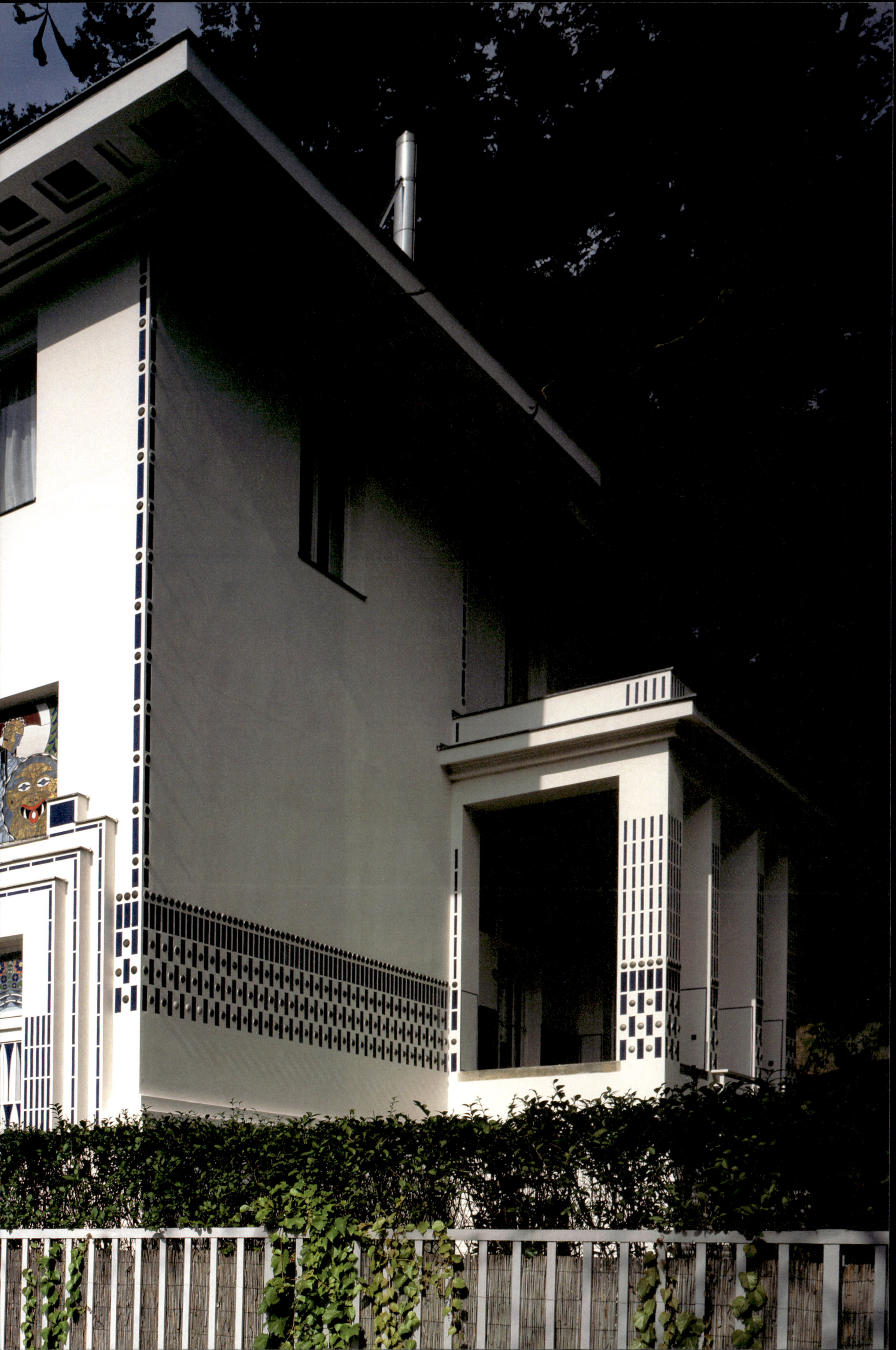

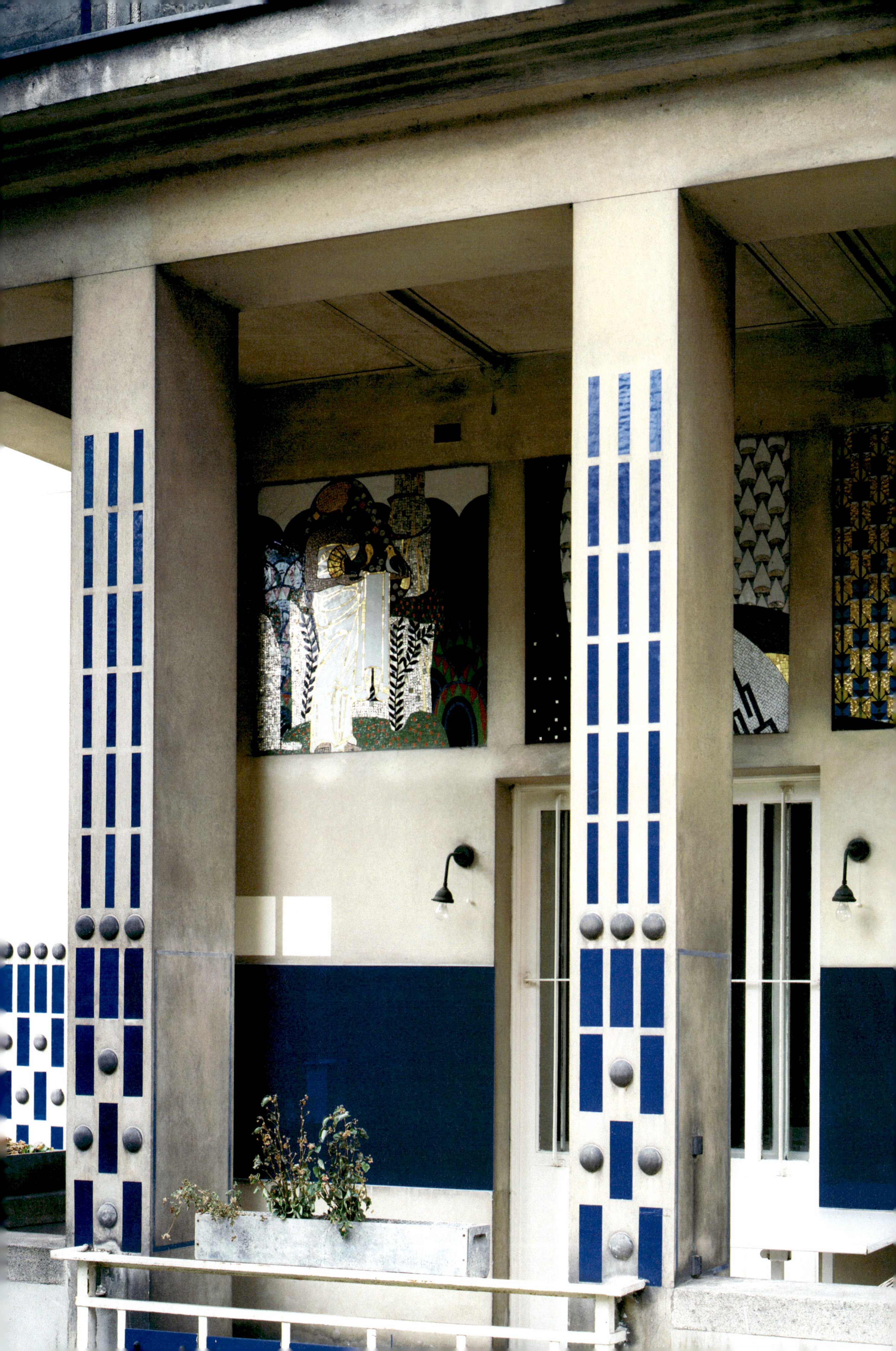

上 玄関
Above: Entrance
下 玄関の立面図, 平面図, 断面図
Below: Elevation, floor, and section plans of the entrance
左 ロジア, モザイク画はコーロ・モーザー作
Left: Loggia with mosaic by Kolo Moser

上 玄関のステンドグラスのデザインは
コーロ・モーザー
Above: The stained glass at the entrance was designed by Kolo Moser

下 内部から見た玄関
Below: Entrance seen from the interior

階段
Staircase

階段手摺
Staircase railing

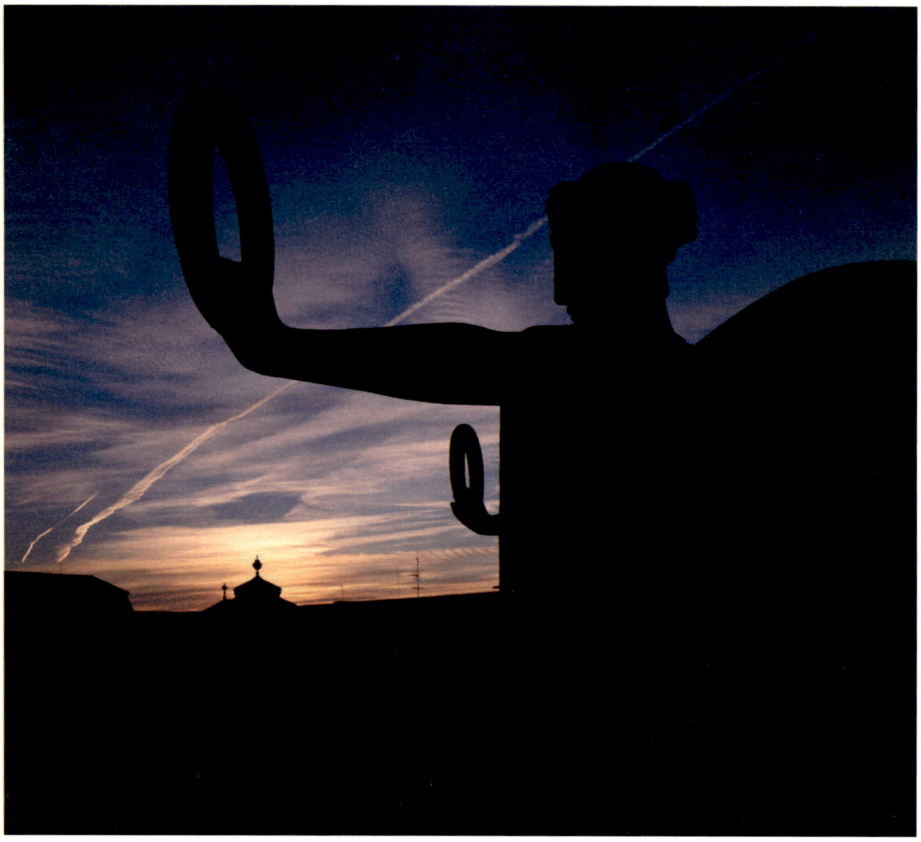

Appendix

附
実現しなかった
プロジェクト

Jagdhütte

狩猟小屋
Hunting Lodge

年代:1860

この狩猟小屋の図面は、ワーグナーが19歳の時、大学時代に描いたもので、現在、確認できる唯一のものである(個人所有)。図面右下のところに彼の署名がある。

上 立面図
Above: Elevation

右 ワーグナーのサイン
Right: Wagner's signature

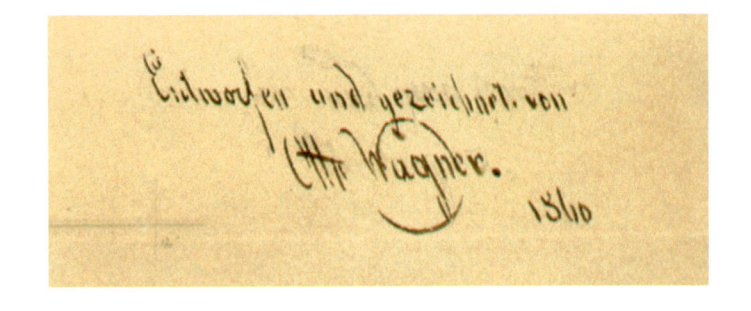

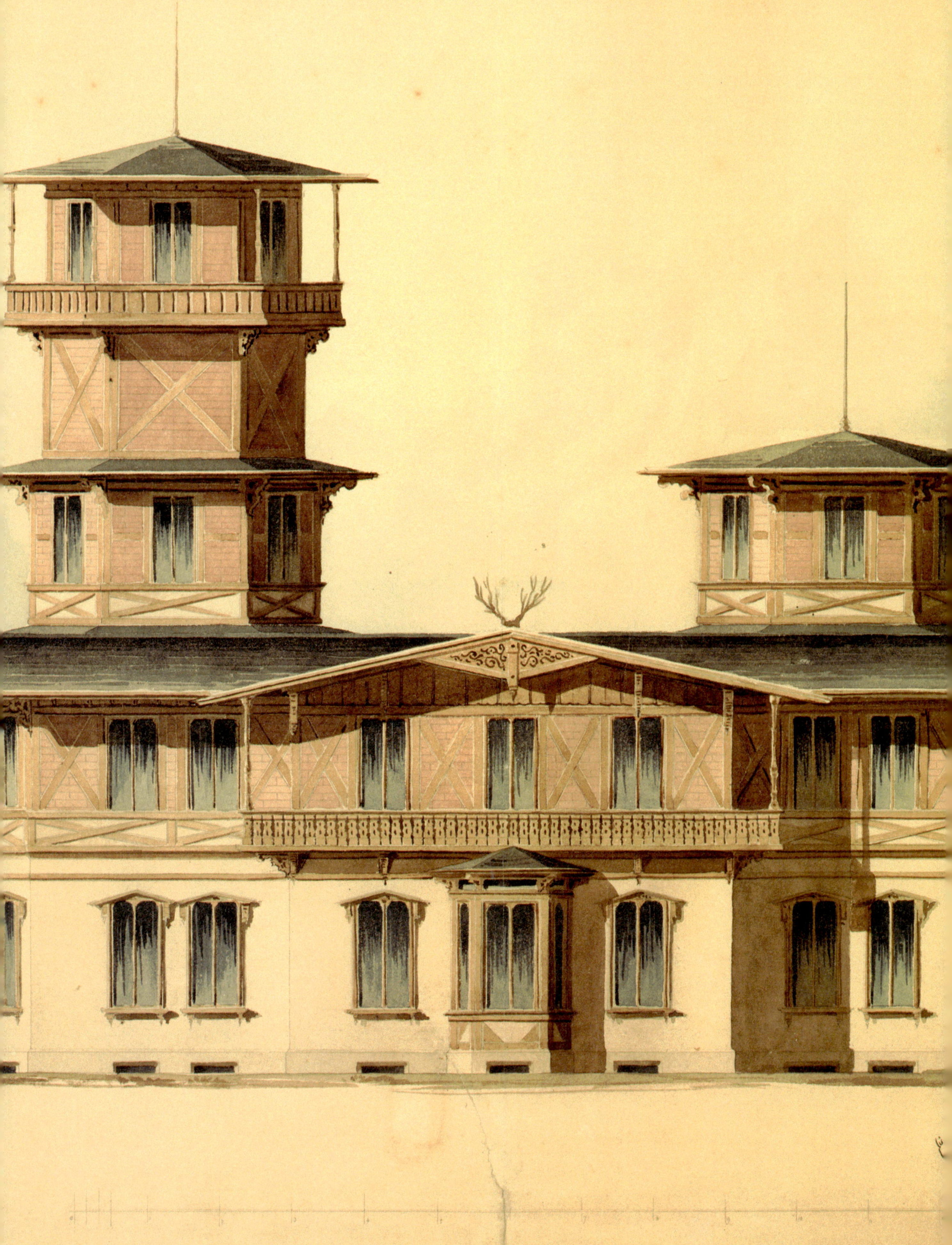

"Artibus"
美術館理想計画案「アルティブス」
"Artibus"

年代：1880

ゼムパーの「皇帝フォールム」に触発されたと思われる美術館のための理想計画案。建築のスケールを超えて一つの世界をつくり上げる彼の力量がよく示されている。中央に芸術のパンテオンが聳え、その手前に人工の湖、さらに人工湖を囲んで、凱旋門のある列柱廊、美術館、図書館などが配置されている。

配置図
Site plan

鳥瞰図
Bird's-eye view

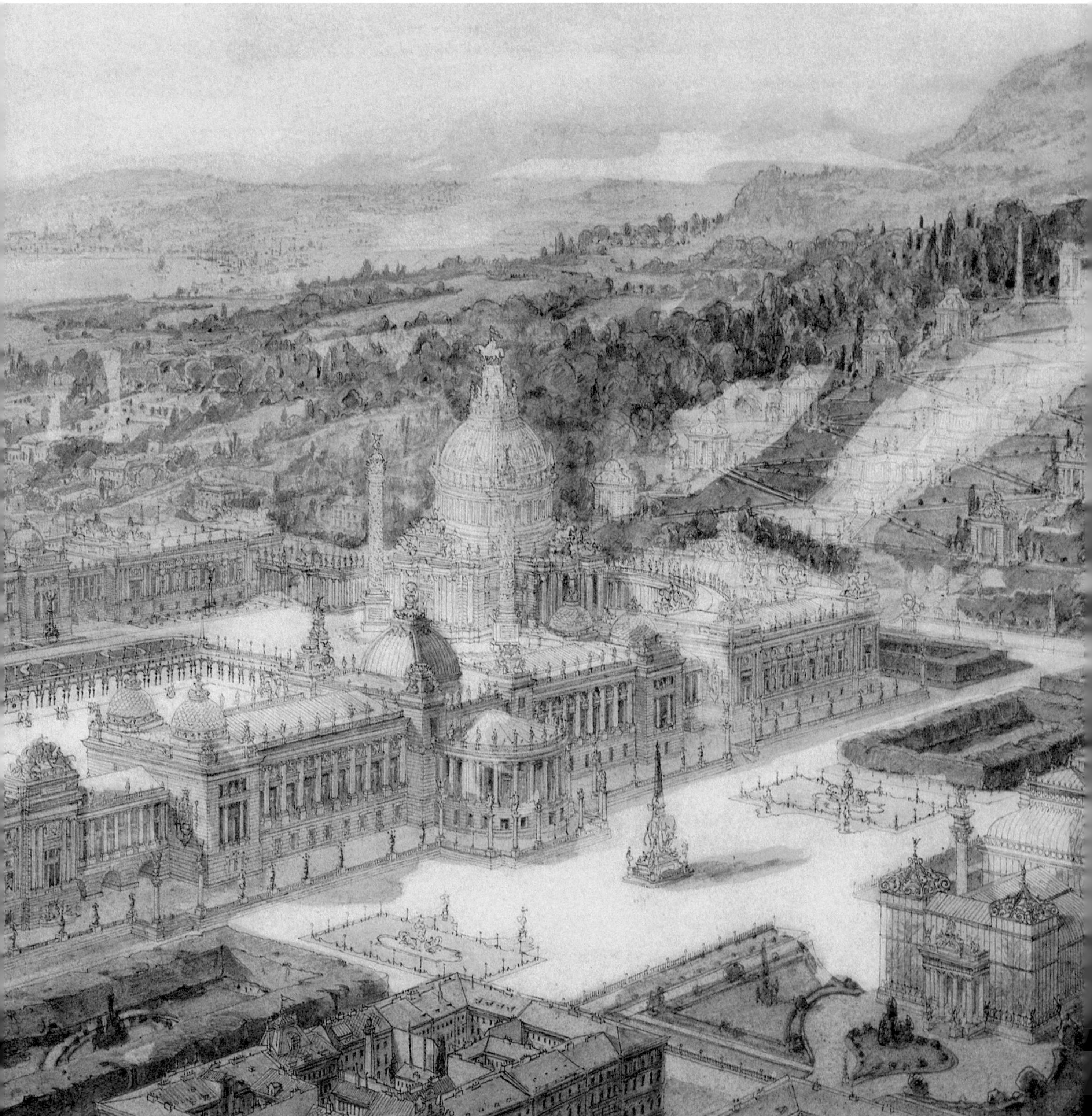

Neubau der Akademie der Bildenden Künste, Wien
ウィーン造形芸術アカデミー 第1次計画案
New Building for the Academy of Fine Arts, Vienna, the first plan

年代：1897-1898

1898年にワーグナーは教授会の委任を受けて最初のアカデミー新築計画案を作成し、1910年には敷地をシュメルツに移して計画が再考された。ともに、正面に本館、その背後の自然豊かな広大な敷地にパビリオン形式のアトリエ棟を整然と並べる構成をとる。

鳥瞰図
Bird's-eye view

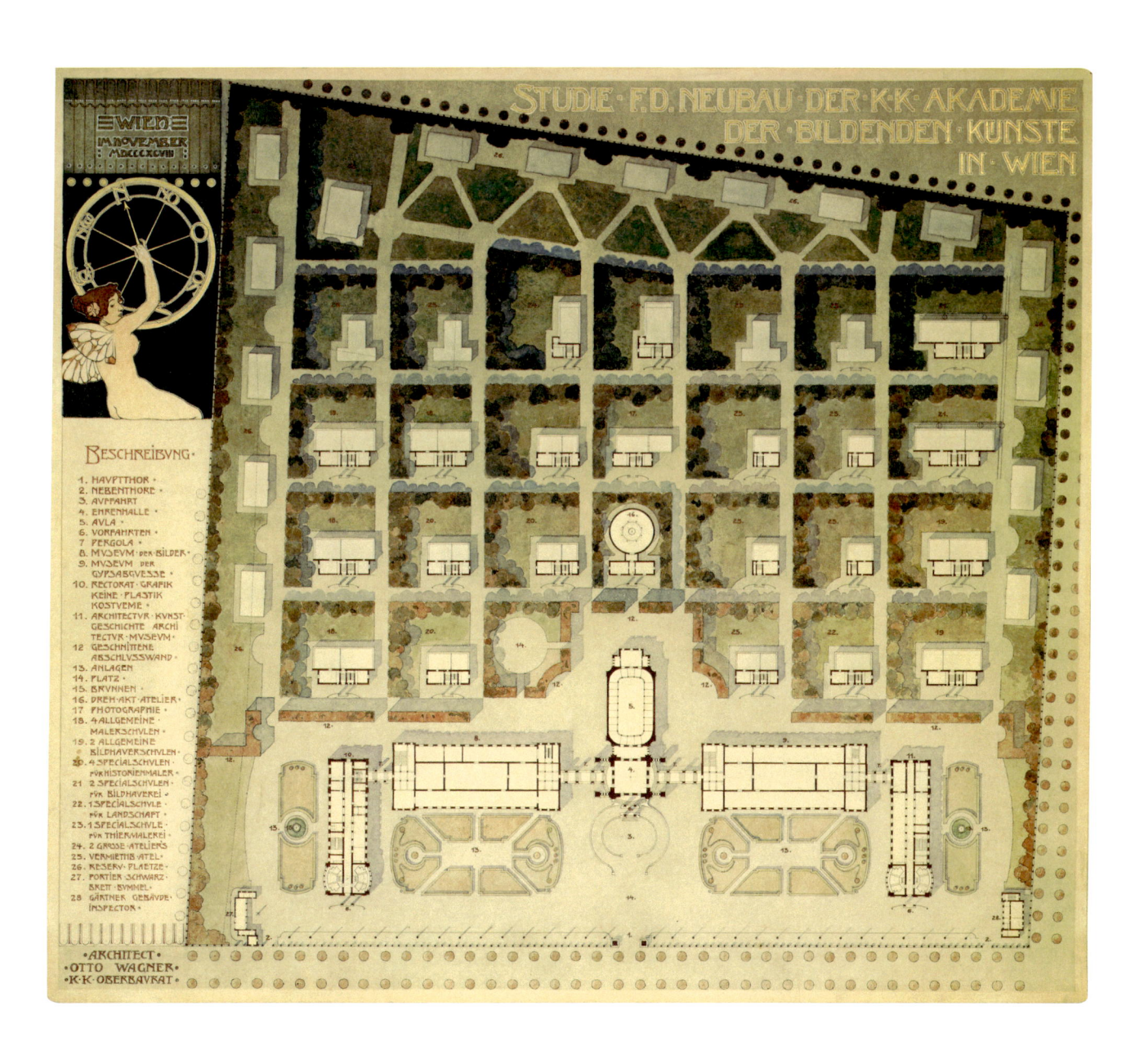

配置図
Site plan

上 左から記念ホール, 石膏塑像博物館, 建築学部棟の立面図
Above: Elevations for, from left, the hall of honor, the museum of plaster casts, and the school of architecture
下 記念ホールの木製模型, ウィーン分離派展覧会で展示された
Below: Wooden model of the hall of honor as exhibited at the Wiener Secession

記念ホールの透視図
Perspective drawing of the hall of honor

Moderne Galerie

近代美術館
Modern Gallery

年代：1900

Vienna I, Stubenring, Project
予定地：ウィーン1区, シュテューベンリンク

1899年にワーグナーは文部省の芸術審議会のメンバーとして「近代美術館」の設計に着手して、1900年2月に第1案を、同年9月に修正案を提出した。中央ホールとそれを囲む上階展示室にはトップライトが設けられ、上階の外壁には窓がない。ファサード上階部分の広い壁面全体に、マジョリカ焼きのタイルを用いて壁画が描かれている。

立面図
Elevation

断面図
Section plan

Kaiser Franz Josef Stadtmuseum
皇帝フランツ・ヨーゼフ市立博物館
Emperor Franz Josef Municipal Museum

年代：1900-1910

Vienna IV, Karlsplatz
予定地：ウィーン4区, カールスプラッツ東端

1900年にワーグナーが計画案を作成して必要性を訴え、同年ウィーン市議会がカールスプラッツ東端を敷地として建設を決定。彼はそれからほぼ毎年、修正案を発表し続け、1910年には広場にファサードの実物大模型を建てたが、結局、この博物館は実現しなかった。全体の構成とか配置が変化しても、花崗岩、白大理石、アルミ、陶器、金箔を施されたブロンズなどによる被覆が同じで、建築の印象は変わっていない。1909年案で、正面入り口前に記念碑「文化」の建立が提案された。なお、同計画は敷地をシュメルツに変えて続けられた（1910年案、1912年案）。

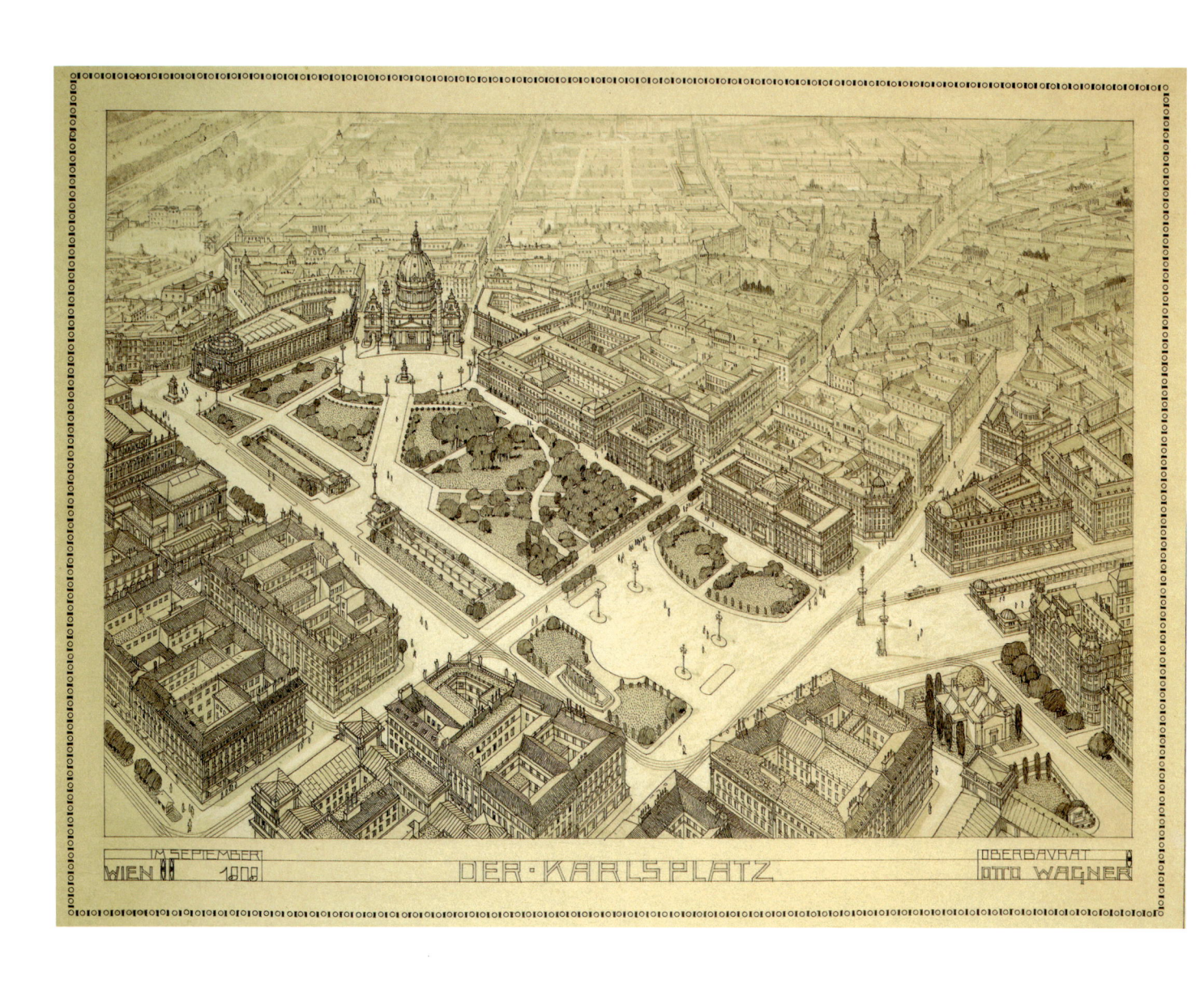

鳥瞰図
Bird's-eye view

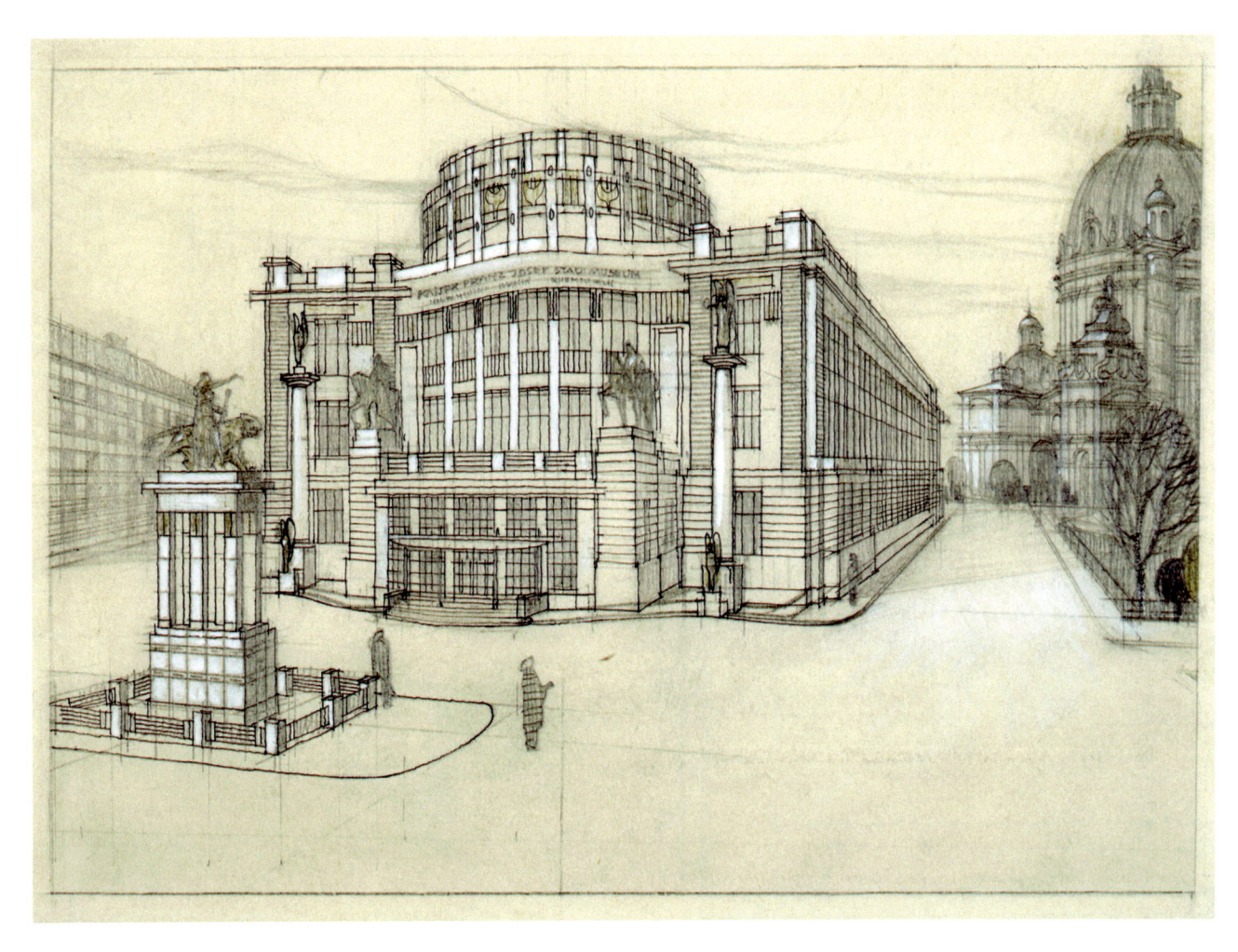

透視図, 第4案, 1909年
Perspective drawing (4th proposal, 1909)

記念碑「文化」, 博物館の前, 1909年
Monument of *Kultur* in front of the Kaiser Franz Josef Museum (1909)

157

Friedenspalast, Den Haag
ハーグ平和宮、設計競技案

Palace of Peace, The Hague

年代：1905

Netherlands, The Hague
予定地：オランダ, ハーグ

1899年と1907年、オランダのハーグで国際平和会議が開かれ、平和宮(1907-13)には国際司法裁判所が入っている。平和宮建設の設計競技が1905年8月から翌年4月にかけて開催され、ワーグナーも招待された。設計のスピードは速く1905年のうちに終えている。外装の被覆材には花崗岩、白大理石、黄金色の合金トンバックが使われた。

透視図
Perspective drawing

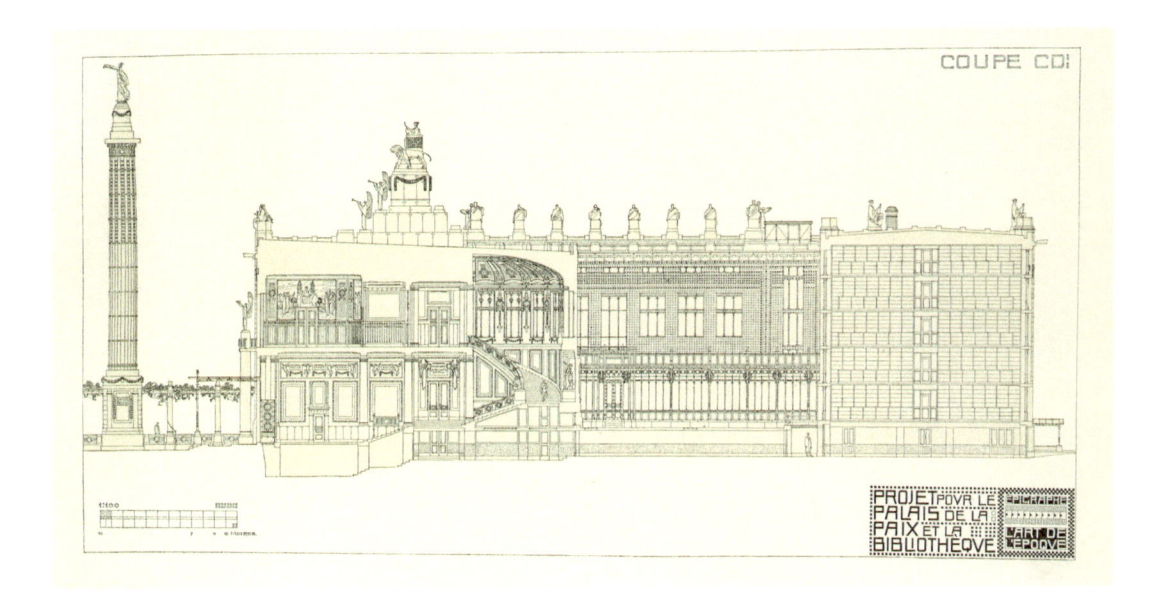

上 断面図
Above: Section plan
下 左隅部の立面図および平面図
Below: Elevation and floor plan of the left-side corner

執筆協力　松井隆夫（美術史家）
キャプション英訳　ハート・ララビー（Hart Larrabee）
翻訳協力　大西伸一郎
編　集　下田泰也、小倉あゆ子（Echelle-1）
デザイン　渡邉陽介
P.D.　蒲啓吾（開成堂印刷株式会社）

写真・図版出典
アルベルティーナ美術館　P60-61
『ウィーンの新建築』第3巻 1892　P18左,右
ウィーン造形美術アカデミー　P157上
ウィーン・ミュージアム　P40, 41, 42上, 46, 47, 53, 62, 63, 93, 110, 111, 112全て, 113全て, 122上, 下, 126, 134, 137, 141, 149, 150, 151, 152, 153, 154-155, 155上, 156, 157下, 159下
ウィーン郵便貯金局　P95
個人蔵　P26-27, 146, 158
『Einige Skizzen』　P19, 22-23, 34, 35, 42下, 136, 148, 159上
『総合建築新聞 1910』　P132
バックハウゼン社　P105
Allgemeine Bauzeitung 1900　P76-77上
Baupolizei fur den 1.Bezirk　P14
Baupolizei fur den 6.Bezirk　P66-67上,下, 77左下,右下
Postsparkasse　P92
京都工芸繊維大学美術工芸資料館　P64（AN.3331）

オットー・ワーグナー建築作品集

2015年4月1日　初版第1刷発行

監修・著　川向正人
写　真　関谷正昭
発行者　加藤泰夫
発行所　株式会社 東京美術
　　　　〒170-0011　東京都豊島区池袋本町3-31-15
　　　　電話:03(5391)9031　FAX:03(3982)3295
　　　　http://www.tokyo-bijutsu.co.jp
編　集　Echelle-1（エシェル・アン）
印刷・製本　開成堂印刷株式会社

乱丁・落丁はお取り替えいたします。
定価はカバーに表示しています。

本書のコピー、スキャン、デジタル化等の無断複製は著作権法上での例外を除き禁じられています。本書を代行業者等の第三者に依頼してスキャンやデジタル化することは、たとえ個人や家庭内での利用であっても一切認められておりません。

ISBN978-4-8087-1027-9 C0052
©TOKYO BIJUTSU Co., Ltd. 2015 Printed in Japan

監修・著　川向正人（Masato Kawamukai）
建築史家・建築評論家、東京理科大学教授

1950年香川県生まれ。1974年東京大学卒業、同大学院進学。1977～79年政府給費生としてウィーン大学美術史研究所・ウィーン工科大学留学。明治大学助手、東北工業大学助教授、東京理科大学助教授を経て、2002年から東京理科大学教授。2005年から東京理科大学・小布施町まちづくり研究所長兼務。

監修にあたって

オットー・ワーグナーに関する私の研究は、やがて、彼に決定的な影響を与える19世紀歴史主義のゼンパーの建築思想へと進んでいった。核となるのは彼の「芸術としての建築」を巡る思想の中の「被覆論」。今流に言えば「表層（サーフェス）論」である。建築も都市も一つの有機体だと考える私は、常に隅々まで歩き、調べる。関谷さんの写真はウィーンとワーグナー建築の実相をリアルに伝えていて、本書づくりが極上の、旅する仕事になった。

写真　関谷正昭（Masaaki Sekiya）

1942年、愛媛県松山市に生まれる。関谷家は愛媛県の元大地主であった。私立愛光中学に入学、サクラホテル創業者と同クラスとなるが、校風に合わず中途退学。
学習院大学在学中にアンコールワットへ撮影旅行に行き、卒業試験に間に合わず中退。建築雑誌「GA」の海外建築撮影に従事し、その後1982年に「アーキメディア」を設立。ザハ・ハディットを初めて日本に招聘した。オットー・ワーグナーの建築作品及び現存する全てのドローイングを撮影。ワーグナーの撮影にあたっては、シュタインホーフ教会をヘリコプターから空撮し、マジョリカハウスのファサードは、クレーン車を使用して撮影し、ウィーン市内に渋滞を巻き起こした。また、郵便貯金局においては、竣工当時の再現にこだわり、全ての夾雑物を取り除き、建設当時の姿に限りなく近い状態で撮影を行った。しかし、零下でのクレーン車からの撮影、長時間に渡る過酷な待機により胸を病み、自らの命を縮める結果となった。
1998年、集大成となる「OTTO WAGNER」全4巻（文献社）を刊行。
2002年、次に出版を計画していたカルロ・スカルパの作品集を編集中に倒れ急逝する。

関谷正昭サイト　http://www.dotto-w.com
dotto運営（後藤勇、下田泰也、勘舎健太郎、中島輝行、渡邉陽介）
特別協力　サクラホテル